青春を貫く
ブルー、グリーン、ホワイトの冒険

未来を如何に開けるか、いつもわくわくしながら考えていたい

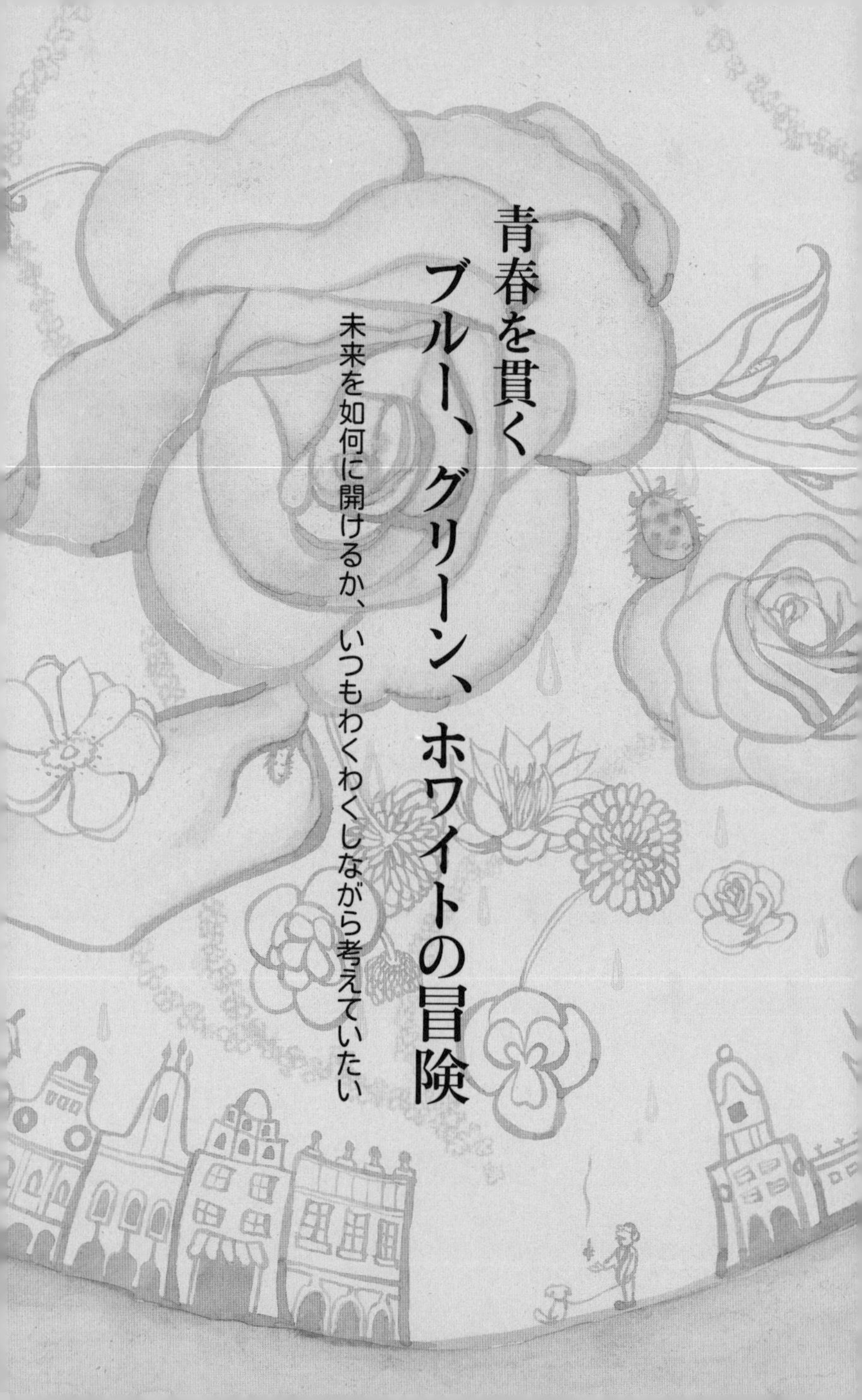

カバー・中扉　イラスト——広畑由美
カバー写真——三宅正章

冒険とは、危険を冒すこと、成功の確かでないことをあえてすることであるとすれば、私の人生は三つの冒険で彩られている。ブルー、グリーン、ホワイトと申し上げておこう。どのカラーも青春の色。

ブルーはここでは、過去の冒険「四四六日間世界一周ヒッチハイクの旅」のお話。

グリーンは現在もやっている「ペンショングラッツァーノの広場づくり」のお話。

ホワイトは現在から未来にかけての「南海の楽園探し、そしてそこで何ができるか」、今、行動しながら考えているのである。

二〇歳から四〇年間の冒険は、いつもわくわくとはいかなかった。とにかく、思い立つとやらざるを得なくなる。これらの冒険に立ち向かう気持ちは今も未来においても変わらない喜びである。さあ、その喜びをみなさんにお裾分けしようではないか。いつまでも青春できる秘訣を!

青春を貫く　ブルー、グリーン、ホワイトの冒険／目次

まえがき

第一章　ブルー

わが青春の四四六日間世界一周～ヒッチハイク無銭旅行

第三章　ホワイト

南海の楽園さがし ～楽園で何をするか

第一章　ブルー

わが青春の446日間世界一周　～ヒッチハイク無銭旅行

まえがき

ジュールベルヌは、フィリアス・フォッグ氏に「八十日間世界一周」をさせた。私の場合、作・演出も私自身で、第一に経済的理由で、第二として、八十日間程度ではもったいなくて、わざわざ「四四六日間かけて世界一周」したわけである。

私の体験そのものは、フォッグ氏に劣らないと自負しているのだが、それを表現する能力で、作者ベルヌ氏に恐ろしく差を付けられた思いがする。

しかし「八十日間世界一周」はフィクションであり、「四四六日間世界一周」はノンフィクションである。この大きな違いは私にとって大変有利な条件だ。unlimiteed opportunity!（世界がオレを待っている！）

さあ、ともかく、みなさまを私の冒険の世界へ、自身をもって御案内したいと思う。

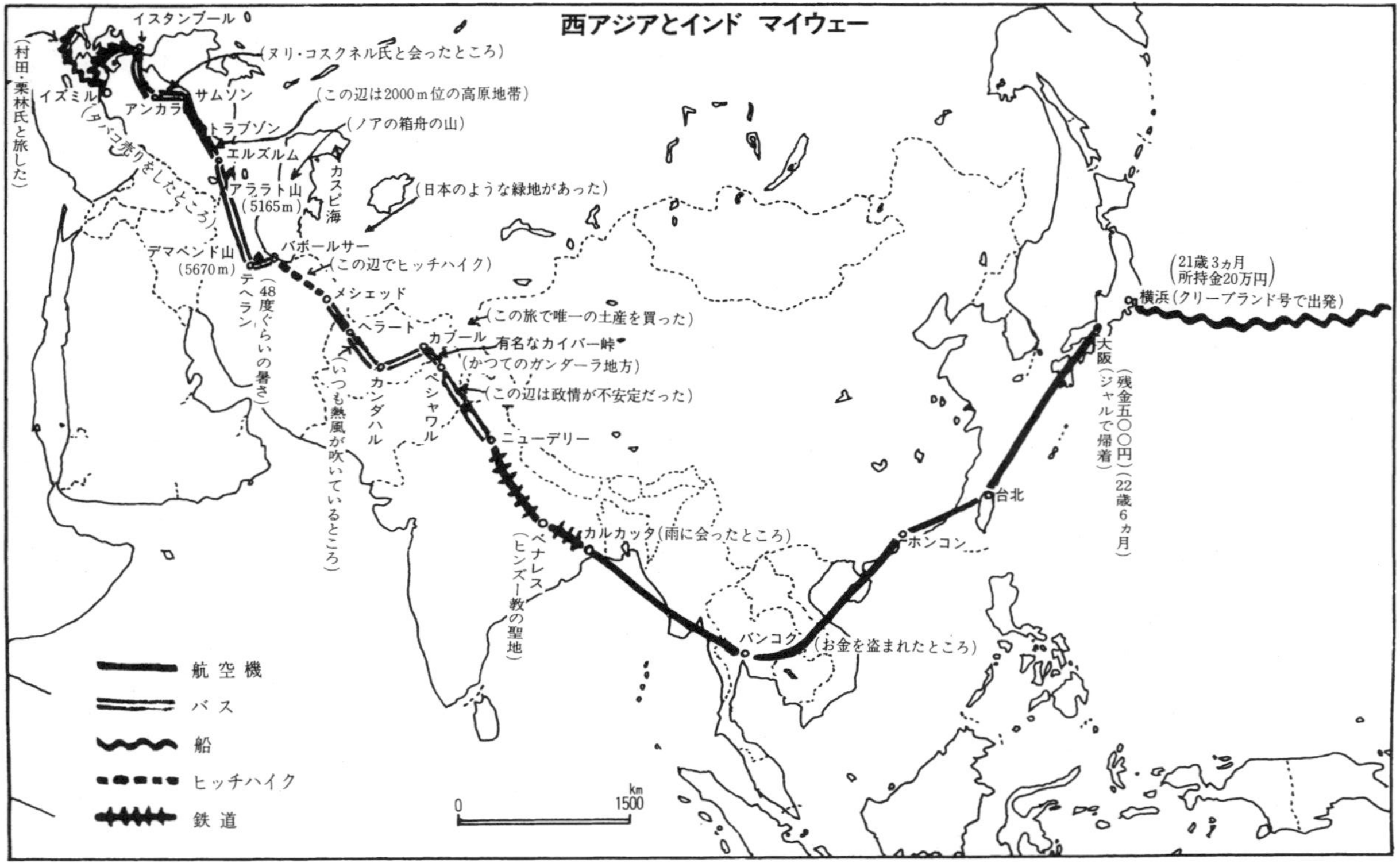
西アジアとインド マイウェー
イスタンブール
(ヌリ・コスクネル氏と会ったところ)
(村田・栗林氏と旅した)
イズミル
(タバコ売りをしたところ)
アンカラ
サムソン
(この辺は2000m位の高原地帯)
トラブゾン
(ノアの箱舟の山)
エルズルム
アララト山
(5165m)
カスピ海
(日本のような緑地があった)
デマベンド山
(5670m)
テヘラン
(48度ぐらいの暑さ)
バボールサー
(この辺でヒッチハイク)
メシェッド
ヘラート
(いつも熱風が吹いているところ)
カンダハル
カブール
(この旅で唯一の土産を買った)
有名なカイバー峠
(かつてのガンダーラ地方)
ペシャワル
(この辺は政情が不安定だった)
ニューデリー
ベナレス
(ヒンズー教の聖地)
カルカッタ(雨に会ったところ)
バンコク
(お金を盗まれたところ)
ホンコン
台北
大阪
(残金五〇〇円)(22歳6ヵ月)
(ジャルで帰着)
(21歳3ヵ月
所持金20万円)
横浜(クリーブランド号で出発)
航空機
バス
船
ヒッチハイク
鉄道
0
1500
km

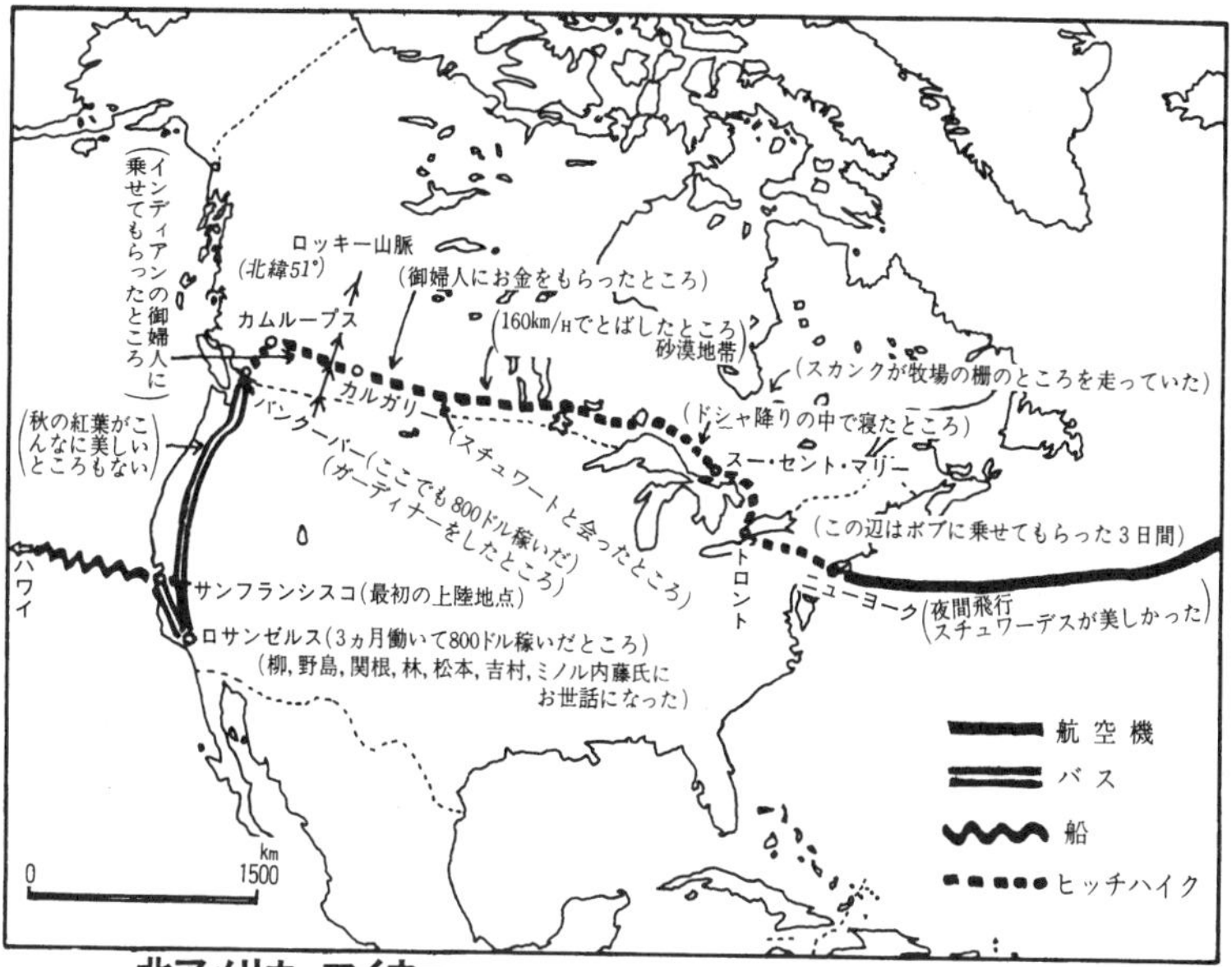

（インディアンの御婦人に乗せてもらったところ）
ロッキー山脈
（北緯51°）
（御婦人にお金をもらったところ）
カムループス
（160km/Hでとばしたところ）
砂漠地帯
（スカンクが牧場の柵のところを走っていた）
カルガリー
（ドシャ降りの中で寝たところ）
（秋の紅葉がこんなに美しいところもない）
バンクーバー（ここでも800ドル稼いだ）
（ガーディナーをしたところ）
（スチュワートと会ったところ）
スー・セント・マリー
（この辺はボブに乗せてもらった３日間）
トロント
ハワイ
サンフランシスコ（最初の上陸地点）
ニューヨーク（夜間飛行 スチュワーデスが美しかった）
ロサンゼルス（3ヵ月働いて800ドル稼いだところ）
（柳，野島，関根，林，松本，吉村，ミノル内藤氏にお世話になった）
航空機
バス
船
ヒッチハイク
0
km
1500

北アメリカ マイウェー

ヨーロッパ マイウェー

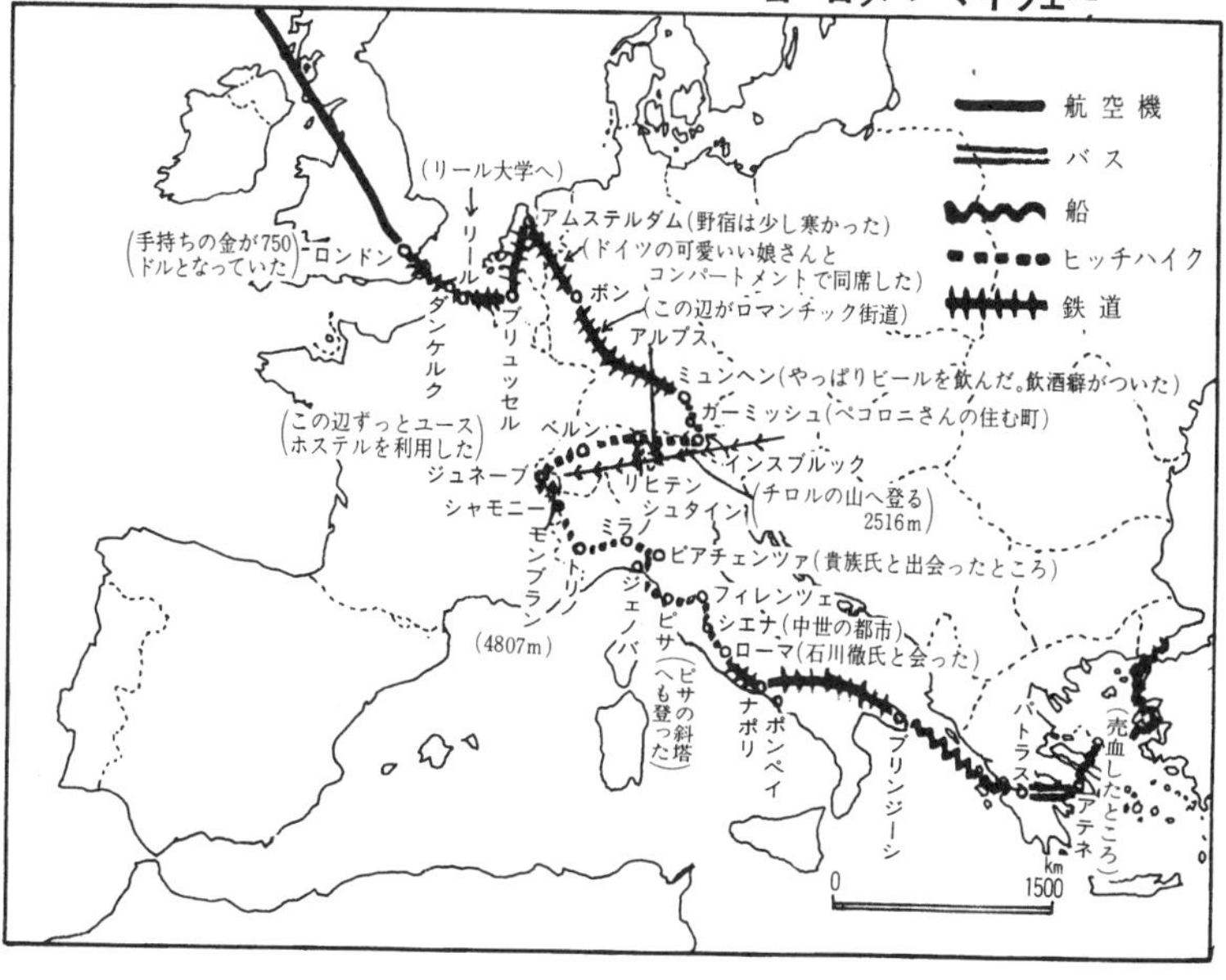

航空機
バス
船
ヒッチハイク
鉄道
（リール大学へ）
リール
アムステルダム（野宿は少し寒かった）
（手持ちの金が750ドルとなっていた）
ロンドン
（ドイツの可愛いい娘さんとコンパートメントで同席した）
ボン
ダンケルク
ブリュッセル
（この辺がロマンチック街道）
アルプス
ミュンヘン（やっぱりビールを飲んだ。飲酒癖がついた）
ガーミッシュ（ペコロニさんの住む町）
（この辺ずっとユースホステルを利用した）
ベルン
インスブルック
ジュネーブ
リヒテンシュタイン
（チロルの山へ登る 2516m）
シャモニー
ミラノ
モンブラン（4807m）
トリノ
ピアチェンツァ（貴族氏と出会ったところ）
ジェノバ
フィレンツェ
ピサ
シエナ（中世の都市）
ローマ（石川徹氏と会った）
（ピサの斜塔へも登った）
ナポリ
ポンペイ
ブリンジーシ
パトラス
アテネ
（売血したところ）
0
km
1500

太平洋は豪華船で　●ヘブンヘルプス・ゾウズフーヘルプス・ゼムセルプズ

太平洋をいかにして越えるか、これは、私にとって大きな問題であった。私は私なりに考えて、やはり船に限ると思った。そして比較的簡単に適当な、いや後から思えば私の冒険の門出にふさわしい船が見つかった。

私は、そのいかにも豪華そうでロマンあふれる船の片道切符を手に入れた時、心が躍らんばかりに感動していた。これを手にいれるために、私はかなりシンドイアルバイトもしたし、周囲を説得するための知識武装にも、かなりの、いや、涙ぐましいばかりの時間を費やしたのだ。

そして、ロマンチックな私の冒険のイントロを飾った船の名前はプレジデント・クリーブランド号、A・P・Lアメリカンプレジデント・ラインという世界三大汽船会社の一つに所属しているものだった。（近年コーラルプリンスという船がミクロネシア近海を航海している。それはかつてのプレジデントウイルソン号であり、クリーブランド号の姉妹船だ。）

クリーブランド号はこの航海をもって一応引退するとかで、出発式はにぎやかなオーケストラによるミュージックが演奏された。それゆえに、日本を当分の間、いや、ひょっとしたら帰着できないかもわからないほどあやしげな旅になるかもしれないだろうが、少しのセンチメンタリズムにも捕われなかった。それよりも私は、昨夜横浜の街で少しばかり飲み過ぎ、私のポケットに残った日本円の計算に懸命に頭を使っていた。その部分だけはやたら敏感であった。つまり金のことに。しかし、船が横浜の港を出て洋上の彼方から富士山を遠望したとき、私は大きな感動を覚えずにはいられなかった。それは日本のシンボルとしての富士山として、一般の人々が抱いているものとは私のは少し違う。私がこの冒険をするための四〇日間の資金稼ぎをさせてもらった山としての感動であった。

この船に乗り合わせた人々を見ると、私のように一〇万八千円で乗っているものから、おそらく百万円もそれ以上も出して乗っているものなど、貧富の差は著しく違っていた。

違っているのはそればかりではなかった。人種・国籍・目的と実に様々であった。

私のような冒険者は少なかったのだが、そんな奴らはたいていの場合、船底クラスであった。船底クラスといってもエンジンの音がやたらうるさい点は別として、食べ物も船の施設を利用することに関しても、そう変わりはなかった。もっともファーストクラス以上は別格である。デッキチェアーに寝そべっていてもカクテルが運ばれて来るのがファーストクラスであり、船でいえば後方三分の一程度の良くゆれて騒々しいスペースが、エコノミークラスの客が自由に行動できるエリア、それ以外の快適なスペースはファースト以上のお客様に限られていた。そのエコノミークラスの中でも船底クラスは一番安いわけであったのだが、船旅を楽しむことにかけて少しも不自由することはなかった。

若い私にとって一番関心が深いのは、なんといっても食事の問題であったが、エコノミークラスは一〇万円払った者も、三〇万円払った者も同じものを食べた。しかもこれが、驚くなかれ各テーブル毎にボーイが一人サービスしてくれる欧米スタイルのもので、毎回フルコースの豪華版であった。寝る場所と食事はガッチリ確保されているのであるから、あとは遊ぶことさえ考えていれば一日が過ごせる訳で、こんな有難いところが地上のどこにあろうか。若い男女が他になにも考えることがなかったら何をおっぱじめるかは、ニューヨークの大停電の際起こったことを考えればわかろうが、誰かと誰かが仲良くなったとかいうラブロマンスの話には事欠かなかった。

私はといえば、日本人の女性の中にはその対象となる女性は年上か、もしくは少しすれた一癖ありそうな感じがして、その気になれなかったのだが、ホンコンからハワイへ移住するというチャイニーズの娘さんたちだけは別だった。チャーミングな、しかも流暢な英語ができる彼女らは、英語のへたくそな日本の若者たちの愛のターゲットであった。「愛とかには言葉は必要ない」とかおっしゃる方もいらっしゃろうが、私は切実に必要性を感じた。しかし、言葉ができなくても、きっちり彼女をつくって、けっこう楽しくやっている奴がいるのだから腹が立つのだ。

私は早寝早起きを励行する比較的品行方正なる人間であるので、夜の世界はまるで何が行われるか知らなかったが、華々しいラブロマンスが次々と繰り広げられていたようである。まさに歴史は夜つくられる。夜、御活躍の方々は朝食の席にいないことですぐわかるのだが、もてない私と私の友人たちは三食きっちりととっていたようだ。そして、船側が企画する種々様々な催しにきっちりと参加しているのも昼族の方だった。一週間もたてば両者ははっきり色分けが出来るようになった。

どこまで行っても身に付いてしまった生活のリズムからのがれられないものか。

船がハワイへ着くとチャイニーズの娘たちは全員降りていった。私よりはるかに淋しくなった者もいたが、私は何かしら気がぬけたようだった。それほど彼女らの存在は大きかったのだ。それと同時に、サンフランシスコに着いてからどうするか少し心配になりはじめた。なにしろ、まだどうするか決めていなかったのだ。

船はダイヤモンドヘッドの黒い影、そしてホノルルの街の灯を後にして港を出発した。私の大好きな「アロハオエ」が流れたが、それは甘く、切なく、なにかしらもの淋しげに聴こえてきた。やはりこの曲は名曲だと思った。昼間ワイキキで出会った可愛い日本からの女性のことが浮かんできた。「もう少し時間さえあったら」と残念に思われた。泳いだことも、街を歩き回ったことも手伝ってか私は何かしらけだるく、デッキチェアーに寝そべっていた。洋上はいつもながら美しい星空に照らされていた。私の太平洋横断航海は、これ以上ないほど気象条件に恵まれており、その分、余分に楽しい旅が可能となった。

私はなにかしらついているような気がした。「神は自ら助くるものを助く」、そんなところだろう。

アメリカンカルチャーショック ●サンフランシスコからロサンゼルスへ

サンフランシスコへ上陸してまもなくは、地面がしばらく揺れているような感じだった。無理もない、二万三千トンの豪華船とはいえ、これ以上ない天候に恵まれていたにせよ、私の平衡感覚は今まで揺れに合わせてセッティングされていたのだから。しかし、揺れているのは平衡感覚だけではなかった。私の心も、これからどうしようかと大揺れに揺れていた。行き先のはっきりしている者は冷酷・非情なる態度で、いそいそと自分の目的地に向かって出発してしまった。最後に残された五人の内、私以外の四人がロサンゼルスへ行くというので、私もその仲間に加わった。

ロサンゼルス行のグレーファウンドバスは夕方の出発であった。それまでの数時間をサンフランシスコ見物に出掛けることになった。街をふらふら歩いていると、先刻いそいそと我が目的地に向かって出発したはずの船の連中に何人となく出会う。その内、我々はラッキーにも、街で道を尋ねた三人目の親切なアメリカンジェントルマンの車で、シスコの名所案内をされることになった。この種の親切は、日本においてもよくあったのだが、しかし、異国における彼の好意が私の無銭旅行に大きな自信を与えることになった。それまでヒッチハイクがこの国で可能かどうか、たとえロサンゼルスに行ったところで、住む場所とか、仕事を見つけだすことが可能となるのかどうか、不安でならなかったのだ。

　おかげで私と他の四人は、映画「ブリット」の中で、スティーブマッキーンがオートバイに乗って猛烈なるスピードで下りた花いっぱいの坂道を初めとする、シスコの街の名所を労せずして見物した。私は、今名前も忘れてしまった親切な中年のジェントルマンが、アメリカの代表する国民であることをその時、心の中にキチンと位置付けた。そして、その位置付けが、私のアメリカンライフをより楽しく意義あるものとしたに違いなかった。

　グレイファウンドカンパニーは、例のスマートな猟犬のマークで日本でも映画・テレビでよく知られている。全米に交通ネットワークがあり、便利でエコノミーな旅行を可能にしてくれた。貧しい旅人には実にユースフルだ。

　バスは夜も走り続けた。そして時々停留所へ止まる。そこには、各種の食べ物が用意されている。勿論、自動販売機が立ち並んでいるだけではあるが、少し気のきいたバスストップにはカフェがあった。入れることがあれば出すところもあり、当然トイレもあるのだが、これが少しややこしく、コインを入れてはじめて使用可能となる。しかし、これも逃れようと思えば逃れる方法はある。当国民が日常にやっているやり方を真似すればことは足る。ことを終えた人がドアを開けたその瞬間、私はその前に立っていればよろしい。開けられたドアを素早く持ち、出てきた者と入って行くものはお互いに微笑をかわす。と、まあそんな具合だ。

私は一日の内に次々とアメリカの生活の知識を学んで行く。そして、言葉は、そのはるか後方をついて来ている感じだ。言葉の方は、「言うこと」は通じているようであるが、ヒアリングは全くといってよいほど分からない。しかも「言えること」は少ない。あまりに少なすぎる。情ないほど少な過ぎる。「これは日本の英語教育システムが悪い」などと、のん気なことを言っている場合ではない。切実な死活問題であった。

しかし、アメリカ合衆国という国は、そういった点においてもよく配慮が行きとどいており、二五セント出す気があれば「アダルトスクール」へ入学できた。私は元来、何々学校という名のつく所は好きでなかった。そうは言っても他にすることがなければ、結局発想がそのへんに落ち着く。すなわち、入学するということにだ。英語の国へ来て他に方法もありそうなものであろうが、悲しいばかりの発想の乏しさであろう。しかし、それは健全なる発想だ。

ロサンゼルスへ着いて二日目には、私は船からの友人たちと四人で、そのキャンブリアアダルトスクールという言葉の学校の庭にいた。にぎやかな野外ダンスパーティーが催されていた。二百人はいるであろう。そのにぎわいの中で、バンドはどうやらヒッピー風アメリカの若者たちの編成らしい。踊っている者はメキシコか中南米の連中のようだ。それらを取り囲んで見物している者の中には日本人が多い。その中に船でいっしょだった連中が三、四人いた。どうも行動のパターンが同じなのだろう。我々の行動の様式は、船↓ロサンゼルス↓YMCA↓キャンブリアアダルトスクールと、ほとんど同じパターンだ。

しかし、船で来たことは私にとっては大変幸いであった。善意はともかく、やたら友人ができていたのだ。サンフランシスコでは一人抜け二人抜け、次第に心細くなっていったものだった。ロサンゼルスでは、結局私は一人とり残されるであろうことを覚悟していたのだが、結果は逆であった。一旦は離れたものの、どうもみんな心細いものであるから、再会すると必ず引っついて来る。日本人のグループ化する習性をよく表しているではないか。たいした目的もない奴ばかりなのだ実は。

我々はとりあえず、そのアダルトスクールの近所に二人ずつに別れて、アパートを借りることになった。私のルームメイトの柳はYMCAで再会したばかりであり、一旦ハワイで下船し、親戚の家で一週間遊び、仕事を求めて、このロサンゼルスへやって来たのだった。その一九歳の少年は、冒険とも一旗揚げる気持ちがあっての旅であり、船の中でのアイドル的存在であった。

我々の借りたアパートは、一カ月契約で八〇ドルであるから、一人当たり四〇ドルは少し痛い。外装は怪しげな薄ピンク色、部屋にはダブルベッドが一つ、ソファーが一つ、古びた冷蔵庫、小さなキッチンテーブル等が置いてあった。勿論、バス・トイレは別にあった。二人では少しぜいたくであろうけれど、アメリカのレベルからいえば至極貧しい労働者の住宅といったところか。捜す気になりさえすれば好きな値段の、好きなスタイルのレンタルルームがあるのだが、人間というやつは一度住んでしまえばそこが一番良く思われてくるようであり、無駄なエネルギーは使わなくなる。私もその例外ではない。

部屋のベッドには何も付いていてもなかった。つまり上にかける。だから寝る時には持っている服を掛けるだけであった。ロサンゼルスは夏とはいえ夜は少し冷えた。

ある日のこと、仲間の二人はハリウッドボール辺からおよそ二〇キロメートルのこのアパートまで夜通しフリーウェーを歩き続けて、朝までかかってやっと辿り着いた時は、さすがに寒かったようだ。夏でも寒いのだ、カリフォルニアというところは。

全般的にいえばこのカリフォルニアの気候は、暑からず寒からず快適な方だ。元来はあの西部劇の舞台となった砂漠的な所で、天からの水はほとんど期待できないのだが、コロラド河上流のダムから遠々と引いた水のおかげで、農業用の灌がいと生活用水が確保された。それがゆえに巨大なオアシスが広がっている感じだ。従ってロサンゼルスはヤシをはじめとする亜熱帯植物が繁っており、各家庭の芝には午後四時ごろになると自然とスプリンクラーからの水が散水されている。しかもどの家庭にも、我々の住む貧しいアパートのキッチンにさえ、ホットとコールド両方の水が絶えず流れ出すのであるから、この豊かさに魅力を感じないではいられない。

魅力といえば、私にとってこれほど魅力的な都市もない。住むところ、その次に食べるものであるが、これも近くに安価で、しかもバラエティーに富んだ大変な市場があった。特に果物の種類が豊富で、私など、かつて見たこともない珍しいものもあり、適当にひやかして回るだけでも、半日程度は飽くこともなく過ごせた。

バラエティーに富んでいるのは、売っているものだけではなかった。そこで働いている連中も種々雑多な感があった。魚類を扱っているのは日本人とかユダヤ系の人々らしい。果物屋の連中はメキシコ中南米、靴屋は黒人だ。アイスクリーム売り場の娘さんはエクアドルからの移民らしい。明るく実に愛想がいい。その前を通るだけで楽しい。もちろん私にだけ愛想がいいのではない。私の仲間には誰にも良く思われているようだ。

しかし、彼女らの笑顔を変に感違いした仲間の一人は「アルバイト先で仲良しになったメキシコから来た女性の家庭に招待された。鼻の下をこれ以上にないほど延ばして行くと、そこには彼女の旦那さんと三人の子供が、にこにこしながら彼を迎えた」というような話はよくあることなのだ。

そういったこともあって、とにかくショッピングは楽しいのだが、我々が買うようなパンと一番臭わないハムの類（この種のものはほとんどが日本人の口には合わない恐ろしく臭いが強いのだ）、ミルク、そして日本のインスタントラーメン。ひどい時にはジャガイモだけ買う。そして、それを湯がして塩をかけて食う。ここまでやると少し自分があわれになってくる。

こと食べ物に関しては、レストランで働くことになってからというもの、急激に豊かさを取りもどすことができたのだが。

インペリアルガーデン ●資金かせぎはここで

インペリアルガーデンは、日系人のオーナーが経営する高級日本料理スキヤキ、テリヤキの店だ。場所はダウンタウンからバスで一時間二〇分もかかる、ハリウッドのサンセット通りに面した丘の斜面に建っていた。私はそこで働くためにまず「ソーシャルセキュリティーカード」を入手しなければならなかった。そのカードに記された番号をオーナーは必要とするのだ。年金の関係であろう。市内にある、その関係機関で手続きをして二週間後には、私のアパートにキチンと送られてきた。それを手に入れると私はアメリカ国民になったような気持ちがした。観光ビザで観光するためにこの国に来ていることは確かなのであるのだが、このカードがあれば曲がりなりにも働けるようだ。何も悪いことをしているわけでもないのだから、いや、むしろ私は優秀なる労働者だ。

その次に私は住所を移すことになった。カリファックスアームスアパートメントでは、管理人と隣近所に随分迷惑かけたので、半分いや八〇パーセントは居りづらくなった感じだ。無理もない、毎晩四、五人の居候が来てドタバクやってくれたのだから。とにかく、通勤の都合もあってリトル東京に居を移した。「まさご」という日系人の管理するアパートメントホテルだ。二人で借りれば一カ月二〇ドル程度と安いうえに、一週間ごとベッドのシーツも取り替えてくれる。トイレ・シャワー・キッチンは別で、少し薄暗いし、ゴキブリが多いのをがまんすれば悪くない。今度のルームメイトは坂庭という冒険野郎だ。気持ちの良い男で話も合うのだが、彼の寝相の悪さには辟易されたことおびただしい。そのうえ歯ぎしりがすごい。

このホテルには他に日本からの若者も多い。私は悪い予感がした。やがてまた、私の部屋が夜のミーティングルームになること請け合いだ。そうなるとまたまた引越しをやらねばならない。

さて、インペリアルガーデンでの私の仕事は、デッシュウォッシャー・ジャニター、そしてバスボーイだった。いずれの仕事も簡単に覚えられそうだ。なにしろこの種の仕事は「にわかアメリカ人たち」が人れ替わり立ち替わり伝統的にやってきたことなのだ。同僚の皿洗い、ヘルパー、ボーイといった連中の中には留学生、放浪者、船員くずれ、劇団員と様々だから、話を聞くだけでも意義があるし、おもしろい。

皿洗いは二人組で次から次へと運ばれてくる汚れた皿の類を処理していくのだ。デスポーザーの前に中腰でかまえ、皿の上の食べ残しをデスポーザーの中に流し込む。時には、私の胃袋の中へも流しこむのだが、水洗いした後、皿受けにきちんと立てらかしてセットすると、皿洗機の中に押し込む。そうするとそのセットされた皿は二〜三カ所の関門の中を通り抜け、出てくる間にすっかり美しくなっているという仕掛けなのだ。我々はセットと整理だけしていればよいのだが、それでも蒸気と騒音でまいってしまう。時に下のバーから仲間のボーイが運んでくれるジンライムの差し入れは有難い。

ジャニターの仕事は、週に一回本職の人が休む日に、朝から夕方まで店を掃除するのが役割だ。この店は夕方六時から、十一時までオープンしているのだから、店が始まる前の仕事だ。だれも居ないのが有難い。私は前任者の柳から仕事の要領を教えられた通り「適当」にやるのだが、まずキッチンのなかをあさって腹ごしらえをしてからだいたい取りかかる。これは明らかに違反行為だが、これも前年者から引き継いだことであった。すなわち伝統なのだ。

店は三階建てになっていて、フロントから入ると受付カウンターがあり、その右奥が、ピアノバー、斜面の階段を少し上がってその上左側がトイレ、右側はスシバー、さらにその上の三階が日本料理コーナーで奥には座敷とキッチンがある。丁寧にやればきりがない。ポイントポイントをキチンとやっておれば口やかましいオーナーの一人、ミセス中野に文句を言われることもなかった。ミセス中野は大変美しい上、口やかましいおばちゃまだ。

なにしろこのレストランはかなり格調の高い高級レストランであるから、お客の方もハイソサィエティーの人々が多いようだ。（参考までに、私もひょんな縁で一度ある人にここで御馳走になった。）かつて文豪ヘンリーミラー氏はこのバーでピアノ演奏をしていたホキ徳田に恋をしてセンセーショナルな話題の種を世界中にまいたこともあった。ハリウッドのスターたち、例えばウイリアムホールディン、ディーンマーチンもよく食事に来ている様子であったし、版画家の池田満寿夫氏もここが好きだったらしい。
　バスボーイはデッシュウォッシャーとか、ジャニターの仕事よりも格が上だ。しばらくして、私はハリウッドのロータリークラブ例会のボーイの仕事をもらった。通常の時間給の他にチップが入るのが有難い。仕事といえば水を出すこととコーヒーをいれること。そして皿の上げ下げ程度ではあるが、それでもかなりの緊張感がある。

　コーヒーの本場で「にわかアメリカ人」の私が四〜五〇人分のコーヒーを沸かしてつくるだから大変なことは想像できよう。そのころあいが最初の内はよくわからなくて、失敗に近いこともあったのだが何とかなったようだ、あまり文句も出なかったところをみると。考えてみるとアメリカ人の味覚はどうもお粗末にできているように思う。味そのものよりも暖かいものが暖かくなかったり、量が少なかった場合に叱られることが多かったようだ。その後はその二点についてとくに気を配った。

　ロータリークラブといえばライオンズクラブと並んでアメリカが産んだ世界的な奉仕団体である。午前一〇時ごろからレギュラーミーティングが始められ、それに会食が伴っている。二時間ばかりすればキチンと終わり、私は時間給の他にチップが入る。そしてその後、私も彼らと同じ食事をして帰ればよいのだ。

　そういった仕事が早く終わる日は、インペリアル周辺をぶらぶらして帰る。背後の丘の上には美しい庭園つきの高級住宅が並んでおり、ムービースターたちが優雅な生活をしている。サンセット通りには、少し行くとディーンマーチンの経営するレストランバーとか、ブティックとかが建ち並んでいる。反対の方へ少しヤシの並木路を歩くとチャイニーズシアターの前に出る。相も変わらず観光客がスターたちの手型・足型を捜しあて喜んでいる姿がみられる。観光客の目で見るロサンゼルスと、皿洗いとして一介のにわかアメリカ人となって見るロサンゼルスとでは大変な違いが感じられた。住みついてしまうと、もはや何の感動もなかった。しかし、オルベラストリート（ロスで最初に出来た通。ここから大シティーへ発展していった）だけは何かいつまでも新鮮で、私は仕事の休みの日には度々出かけていった。

ロサンゼルスは、その名の通り、スペイン人が最初に街づくりに取り組んだ。そして、そのオルベラストリートは、今観光地としてアメリカ国内を初め、世界中から訪れる観光客相手にみやげ物を売ったり、レストラン・バー等の店が軒を連ねていた。そこで売られているイグアナの剝製とサーベル、そしてジャンピングビームが私の気をひいた。しかし、何よりもメキシコ系の娘さんを見るのが楽しみだ。彼女らは本当に美しい。

ロサンゼルスの仲間たち

●不良外人たちのこと

私もその一人であるのだが、ロサンゼルス辺りにはその類いの人種がごろごろしている。金持ちであってしかも移民国家となると仕方あるまい。メキシコあたりからは不法入国者、私のような人種は不法入国者などではない。歓迎されて入国はしているのだが、入国してから色々不法なことをやらかしているだけだ。

私のやったことなどまだ可愛いいものである。ソーシャルセキュリティーカードも正当なる手段で入手した。まあ、しいて言うなら観光ビザというところだけが差し障るらしい。らしいというのは、相手から考えた場合、私からいえば、U・S・Aのためにずい分真面目に働かせていただき、貴重な体験と世界一強いドルを稼がせていただいたわけで、なにも差し障らないのである。

私の周囲はそんな身勝手な奴らばかりだ。ガソリンスタンドで働いていた友だちなど、エックステンション、すなわち滞在期間延長願いをイミグレーションオフィスでやりかけたところ、全くドジな話であるが、油で汚れた手を見つけられ任意送還という処置を受けてしまった。私とて皿洗いをしていれば確かに手はボロボロにいたむ。労働しているかどうかは手を見られることぐらい常識ではないか。全く同情の余地なしだ。

ウェイトレスの可愛い女の子も不法労働者らしい、このフェミニスト国家では特に女性は身入りが多く、仕事も楽だ。お客からオーダーを受けてコックに注文するだけ、バスボーイはウェイトレスの集めた皿をガンガラという容器に入れて皿洗いの所へ運ぶだけ。これくらいの大レストランだと分業化が恐ろしく進んでいる。キッチンヘルパーも、スシバーで働いている男も、チーフコックさえも観光ビザで働いているようである。効率よく金を稼ぐ頭の良い人たちだと言えば聞こえは良いが、みんな私と向じ不法労働者なのだ。

ロサンゼルスに着いてから私は船の仲間たちと行く先々で再会した。ハワイで下船したはずの者、サンフランシスコで別れた者、ロスに先に着いていた者たちと。あらゆる冒険者、出稼ぎ人、留学生の始発駅で終着駅、いや、たまり場のような所、それがロサンゼルスだ。なかんずく富士山でアルバイト中、荷物を運んだある有名プロボクサーの美人マネージャーの女性と出会ったのには本当に驚かされたものだ。たいていの貧しい者はレストラン等で働くから、仲間を見出そうと思えばそういったところか、ダウンタウンのリトル東京の安アパートメントホテル、そしてもう一か所、キャンブリア・アダルトスクールへ行けばよい。

キャンブリアといえばガールハントの格好の場所だ。なんせ、ここにはアジアから、中南米から、アメリカ合衆国に到着したての女子学生がわんさといるのだ。しかも、彼女らの多くはホームシックか、もしくはその類の状態なのだ。そうだ、この状態の女性ほどお友だちになり易いものが他にあろうか。本当にもてるものはこういった話はあまりしないものなのだが、実は私はロサンゼルスに着いて三日目には、そういった類の美しい女性とデートしていたのだ。まあ、他にも二、三こういった戦果はあるが、あまり語らないことにしよう。いずれにせよ語るに足りない清潔なデートだったのだ。

清潔といえば私の言葉の先生、ミス・ベルもそうだ。少しヒステリックに自分よりはるかに年上の生徒を怒鳴ったこともあるのだが、典型的アメリカの美人だ。鼻はあくまで高く、口は少し大きめだが、キッスするのに都合が良さそうで、官能的でさえあった。

彼女が興奮すると一〇分間の休けいタイムをとる。そして、彼女の母親ぐらいの年齢のキューバから来たカストロおばちゃまが、外にある自動販売機からレモネードを買ってきてミス・ベルに御馳走するのがおもしろい。しかし、どうも言葉の勉強にはならなかった。

しかも、ほとんどの時間は日本人の不良どもとつき合っているのだから言葉などものになったものではない。しかし、いろいろ情報知識は確かに身につく。便利もおおいによろしい。不良仲間の三カ月間通用チケットを借りて全米を一周してきた者など、そういった者とつき合っていたおかげだ。もっともかなりリスクをのりこえなければこの冒険は可能とならない。あるいはヒッチハイク以上に危険かもしれない。見つけられればまず強制送還は免れない。

私のアパートメントホテルにはそういった者が幸か不幸かよく集まった。おかげでいつもホテルマネージャーにしかられ、追い出しをくらう。船からの仲間たちも他に行くところがないのかよく訪れた。メキシコへ行った二人はその行き帰り私のホテルに無賃宿泊をした。メキシコでも、ある家庭に図々しくも一カ月もやっかいになったようだ。しかも不愉快なことにやたらもてた話をする。顔からしてももてるはずはないのだが、メキシコ人はよほど日本人びいきであるのか、お人好しかしらないが。ともかく皿洗いばっかしやっていると、ひがみっぽくなるものだ。しかし、これはまぎれもない事実らしい。

ある日、私の隣の部屋に大阪の大学生リンさんと松ちゃんという二人組が住みついた。世界一周航空チケットの持ち主だから、相当の金持ちのせがれらしいのだが、ラスベガスでギャンブルでなく、本物のドロボーに五〇〇ドルもぬすまれたらしい。それをU・S・Aから取り返すためにシュリンプ屋で働いているのである。おかしな理屈ばかりよく並べる奴らだ。エビ（シュリンプ）の皮をむくのであるから手が傷つき大変な仕事のようだ。メキシコからの連中がその仕事場には多いようで、リン氏の方はメキシコの女性に恋しているようだ。だからつとまっているのか、いずれにしてもメキシコの娘は可愛いことは確かだ。私もオルベラストリートのみやげ物屋の娘のそれとないしぐさ、公設市場のアイスクリーム売りの娘は、いつも私には多目に入れてくれると感違いしているのだ。この種のことは誰にでもあることだが、それにしても人それぞれ、いろんな事情があって働いているものだ。

仲間内では私はケチとかガッチリ屋とか散々言われていた。一時的とはいえ、お金を蓄える天才だと自分でも思われた。その秘伝を御紹介すると、朝は、まず抜く。ブランチと思われる食事は近くの貧民救済のコーヒーショップでドーナツ二つにコーヒー二杯、しめて一六セント。私以外は年金生活者か生活保護の人々であるらしい。その人たちに聞いたことはないので、このへんは正確とは思われない。あくまで私の悪意ある友人たちの言葉だ。夕食だけは職場でガッチリつめ込む。

レストランの皿洗いは午後四時から始まり、終わりは午後十一時半か十二時。コックもオーナーもウェイトレスも、十一時までで帰ってしまう。あとは皿洗い屋たちの天国だ。飲み放題、食べ放題、時々店の品物を持ち帰る。だから、これでたまらないわけがない。しかし、この私のライフスタイルは、永遠でなく仮りの姿であることに、悪意ある友人は気付かないのだ。今だに彼らは私をケチだと思っている。困ったものだ。

美しい学園 ●U・C・L・A&U・B・C

ユニバーシティー・オブ・カリフォルニア・アット・ロサンゼルスとユニバーシティー・オブ・ブリティッシュ・コロンビアのこと。

U・C・L・Aはアクション入りの歌を歌っていた人もいたが、とにかくどちらの学校も歌い出したくなるほど美しい。かといってそこの学生が利口そうかと思えば全くそうでもなさそうだ。U・C・L・Aは億万長者の住むビバリーヒルズの外れにある。シャロンテートという美しいアクトレスがヒッピーに殺害されたところ。当時、私はその辺をうろついていたのだ。元々西部の無法者の都である、現代においてもロサンゼルスはおとぎの国などではない。ハネムーンにこの都市を選ぶ人たちの気が知れない。物騒な所であることには今も昔も変わらないようだ。町が物騒だからよけいU・C・L・Aは安全地帯に思われる。森の中にアンツーカーの赤を取り巻く緑の芝生がみごとだ。そして、金髪を風になびかせながら素足の女子学生が通り過ぎる。だれでもここにくれば長期留学でもしたくなる。

U・B・Cはバンクーバーの半島の先端にある。ここへは六カ月間滞在した。シグマ・カイというフラタニティー（学生、その他の全米チェーンの下宿屋）で生活した、その他の中に私も入っている。金さえ一カ月に一一四ドル支払えば誰でも長短自由に部屋が確保できる。三食付で掃除もシーツも一週間に一回は取り替えてくれる。こんなシステムは日本にはない。最近似たものが出来始めているのだが、朝・昼・夕と食べ放題であるところが魅力だ。

夕食の時、まず私は立ったまま食事の前にミルクとジュースを一パイずつ飲む。そして更に一パイのミルクをもって席に付く。メインディッシュには肉と野菜、肉は日々変化する。つまり鶏・牛・豚・魚。魚の場合はたいていミンチ、元の形は留めてない。野菜はサラダ他、コーンと四、五種類が常に変わっている。しかし、日本ほどバラエティにとんだ食生活があるとは思えない。

食後はテレビを見ながら二五セントのビール、ミニボトルを飲むのが常であった。にが味が少なくどれも飲みやすいビールだ。メーカーとしてはアングルベンというのが一番好きであった。

U・B・Cは、大森林の中を上手に切り開いて広大な敷地の中に、実に計画的に大学都市が創られている。学生たちは恵まれた環境の中でのびのびと学園生活を楽しんでいる。国の豊かさ、いや広さ、新しさの違いだ。半島の周辺の海辺は学生・市民のいこいの場である。三月ごろの晴れた日に海岸へ行ってみると、そこはヌーデストたちでいっぱいである。彼らのこだわらない解放感に満ち満ちた姿は微笑ましささえ感じる。まるでアザラシの日なたぼっこだ。私は上半身だけ付き合った。真夏ならともかく、まだ春先き、しかも北国カナダだ。しかし、バンクーバーは、カリフォルニア暖流の影響か驚くほど暖かい。それにしても奴らのは驚くほど大きい。

肝心の英語であるが、学ぼうと思えばその道は無限に広がる。ガールフレンドをつくることからU・B・CのイングリッシュコースへでもA入学すること。しかし、私はといえば、U・B・Cのランゲッジラボラトリーでリンガホンサービスを受けること、フラタニティーの仲間と話す程度でしかなかった。やはり三年程度このペースで学んでやっとなんとかなる程度ではなかろうかと思う。しかし、英語を身につける方法論を確実に学び得たと思う。今後の人生でそれを活用するかしないか、その辺は全く別問題ではあろうが。それはともかくとしても、世界を周るに必要なだけの英語力はついたということだけは確かだ。どの世界も道は遠く、深く広くあるものだ、とまあそういっておこう。いずれにせよ。私の能力はまあこんなところだ。

バンクーバーシィティー ●ガーディナーヘルパー

沿岸を流れる暖流の影響でバンクーバーは北国にしては暖かい。三月ともなれば一斉に花が咲き始め、芝が延び始め鳥はさえずる。ガーディナーの仕事が忙しくなるのもこのころからだ。

私は皿洗い・ボーイ・ジャニターと日本語教師、色々仕事をしてきたが、カナダではなかなか仕事にありつけなかった。ダウンタウンはパウエストリートのグローサリーウインドの「ウオンティッドヘルパー」のはり紙を発見して、早速電話して契約を結んだ。仕事を手に入れたその喜びは格別だった。

日系人のボスに連れられて市内の各契約関係を結んでいる家庭の芝刈りと、庭の手入をして回る仕事である。私の仕事は主に芝刈り機を使うこと、芝と敷石・花壇等との境い目を美しくするためにエジカットを入れること、生垣の手入れ、その他清掃をすることだ。一日一〇時間、内三〇分の昼食、その他の時間はフルに労働が要求される。北米の肉体労働では、今一番重労働とされている。一日一五ドルであるから文句も言えない。肉体をきたえ、しかも世界旅行の経費を捻出できると、そう考えればよい。

バンクーバーの街は実に花が多い。メップルリーフの花、さくら、ドッグウッドの花、モクレン、次々と咲き散っていく。私はこのドッグウッドの花が大好きだ。花みずき科の白と真中は黄になっていて直径が五センチぐらい。ロビン（こまどり）がよくその木に巣をつくっている。このロビンがまたあいきょうがある鳥だ。人を恐れないのだから。私はレーキを持って美しく散った花々を掃除していく。その後をロビンがついてくる。目的はミミズだ。芝の草取りをしているせいか、私の手は洗っても取れないほど草の渋で汚れていった。

通勤はバスを使う。約一時間、途中乗り替えもあって、とにかくやっかいだった。朝食は早過ぎて作ってもらえずだ。夕食も遅れるとありつけなくなる。とにかく時間厳守の原則をつらぬく。したがってバスには絶対行きも帰りも遅れることはできない。夕食に遅れると近くのチャイニーズの店で、高いラーメン・ライスを食べることになる。本当に辛いハードな毎日であった。しかし、雨の日には仕事ができない。このことがなにより辛い。金にならなければそれだけ出発が遅れるわけであるから、しんどくても毎日仕事したい訳だ。これが日雇い労働者のつらいところだった。

手元の金が一一〇〇ドルになった時、私は仕事を止めた。美しくも苦しく辛かった街、バンクーバーをやっと脱出することができるのだ。私は一人バンクーバーを歩いた。この時の私は日本からの旅人としての目でこの街を見ていた。心の余裕が出来ると、また何かし残していたような気がしてくる。旅には虚無的気持ちがつきまとうものだ。いや、私の人生にか。

トランスカナダハイウェー　●アメリカ大陸横断ヒッチハイク

まさに飲まず食わずで一一〇〇ドル蓄えたバンクーバーは、美しくもしんどい重労働の地だ。アメリカ大陸横断ヒッチハイクなど、ガーディナーのヘルパーからすれば、「朝食前の屁のカッパ」だと思われた。しかし、やってみるとなかなか大変でもあった。カナダの六月は恐ろしく暑いのだ。いっしょに出発したウガンダの留学生テリーフェルナンデスは、午前中でヒッチハイクをギブアップしてしまって、バスに乗って行ってしまった。私はそのようなお粗末は演じられない。しかし、ヘトヘトではあった。ズダ袋はTシャツの肩のあたりに食い込み、腹はペシャンコになってしまった。目ざすニューヨークは、はるか五〇〇〇キロメートルの彼方だ。その上、ハイウェーパトロールにもお世話になってしまった。私のやる気はこの時九〇パーセント打ちのめされていた。それでもギブアップするわけにもいかない。

救いの神は午後四時ごろモジャひげに微笑を浮かべて現れた。そして、これからひと遊びしようというのだ。私は嬉しいような、辛いような複雑な思いだったが、彼の企画に乗った。それからの数時間はまさしく死に物狂いで、彼と彼の妻子とのお遊びにつき合った。まず、カヌーでチクワク河下り、そしてカルタスレイクでのインディアンとのカヌー競争、水泳。

夕食にありつけたのは午後八時三〇分。私の胃袋は三〇パーセントほど満たされたに過ぎなかった。彼らの少食がこれほど恨めしく思われたことはない。夜は彼らのヨーロッパ旅行の話とスライド、私の寝室は屋外のデッキチェアーの上。蚊もおらず、夜はなんと涼やかなことか。空は満天の星、なんと一日が充実していたことか。それにしては八〇キロメートル程度しか前に進めなかった。五〇〇／八〇キロメートル、この計算でいくとニューヨークまで六〇日はかかりそうである。

バンクーバーより約二〇〇キロメートルほど離れた所に、キャムループスという小さな美しい町がある。そこに私の母方の祖父母が住んでいる。北緯五一度という、さしずめカラフト辺と同緯度ということだ。お正月に訪れた時、北国の冬の厳しさを知った。空は暗く、太陽はない。風はゴーゴーなって地上のあらゆるものは冷凍されており、トンプソン河も凍っていた。しかし、夏は素晴らしい。花と緑の空間、地上の楽園だ。そうでなくては誰もこんなところにまで住みつこうはずがない。

二日目のヒッチハイクは非常にスムーズであった。インディアンの親子、新聞社の編集長氏と四、五台の車に乗り継ぎ、キャムループスへ到着した。

祖父母の家につくと早速トンプソン河へ水泳に行く。元気なところを見せるために。掘り込まれたような深さを感じる。日本でいえば大河の部類か。恐ろしく冷やかな水、ロッキーの雪どけ水だ。

キャムループスへは二日間滞在して再びトランスカナダハイウェーへ。ロッキーはこの旅でも一番期待したところだ。しかし、以外とあっさりと越えてしまった。ビクトリア大学生のレーリーの車はボルボ、スウェーデン製。ブロンドヘアー、色白のお大好しそうな、いや実際お人好しで本当に乗り心地がよく、レーク・ルイーズまでわざわざ余分な観光地まで連れていってくれたしくれたし、バンフの町ではビールを御馳走になるし、貧しそうなことは人の善意を最大限引きだせることなのか。

アルバータ州まで来て彼と別れた。一人になるとさすがに淋しくなる。しかも、夕方であり、大平原の彼方には夏の遅い夕日が沈みかけていた。ここからがヒッチハイカーの正念場だ。安全で寝心地のよさそうな場所を捜す能力が問われる。ためしに道端の繁みの中を選んでみると、蚊の大群に追いかけられる。この道は夜になると風が出て涼しくなる。所によっては夏だと思えないほどの寒さだ。余り早々と寝床を構えるわけにもいかない。人間が一番怖いのだから。普通のキャンプのような気楽なものじゃございませんよ。

良い場所が見つけられなければ暗くなって闇の中、星明かりの中、ヒッチハイクを続けることになるのだが、やはり効率がわるいこと、うけあいだ。疲れて歩けなくなるとよく吟味もせず、そこが一日の終わりの場所となる。あとは寝袋を広げ、ズダ袋の中へ、そして昼間買っておいたカンジュースとパン、ハム、ピーナッツバターで腹ごしらえをして寝るだけだ。正気な奴なら一〇日もやれば虚しくなって、やめてしまってもおかしくない。

ヒッチハイクをやっていると色んな奴らに出会う。何も言わないことはまずない。金をくれる人は有難いのだが、せびる奴には迷惑する。「この人が訪ねて行ったら食事をつくってください」という母親あての紹介状を書いてくれる有難い男にも出会った。しかし、それを使うことはなかったのだが。この路上で一番仲良しになったのがスチュワート・ノートン、こいつはアメリカ、ボストンの高校生、随分ずぼらな感じの男だった。彼と夕方出会った時、私は蚊に追われて閉口していた。長袖シャツが無かったのだ。無造作に彼が差し出すシャツを私はもらって着た。

それからは二人で旅することになってしまった。彼の旅はボストン→ロサンゼルス→バンクーバー→トロント→ボストンのヒッチハイク旅行の途中だった。アメリカの高校生ぐらいになると、このくらいの旅はなんなくやってのける。彼のヒッチハイクセンスはなかなかよい。言葉は乱暴で、やることは大まかだが、外見はまずまずだ。彼には彼なりのヒッチハイク哲学があって、ヒッピースタイルが一番嫌われ、私のように短パンに白いソックス、長からぬ頭髪スタイルが最高らしい。だから私をパートナーに選んだのだろう。抜けているようで抜け目がない。生意気そうで可愛いいところもある。変な高校生だ。

しかし、アウトドアーライフのノウハウは良く知っているようで、必要な小道具、それを扱うテクニックには感心させられずにはいられない。彼は米を食べるのだ。それも最近アメリカで売られている極めて簡単に料理できるインスタントライスである。森の湖のほとりで火をおこし、昼食を作った。

食べられるとき十分食べておかなくては、この種の旅行方法では続かないのである。私はといえば全く能がない。常にピーナッツバターとスライスパン、時にオレンジ、コカコーラ、このメニューでよく体がもつものと自分でも感心している。人からおごってもらう時だけが御馳走なのだが、世の中不思議と奇特な人は多いものだ。これも人徳か？　外見には自信がある。しかし、そうとばかりはいかないことも度々あったのだが。

ニューヨーク・ニューヨーク　●食べたのはピザとホットドッグ

大都市を訪れたらまずＹＭＣＡを捜す。ロスでもバンクーバーでもそうであった。安いことと、ダウンタウンにあってなにかと便利であるからだ。私にとってアメリカは再入国であり、その際、カナダの大平原を野宿してどう見ても身なりが悪かったせいで一週間しか滞在の許可が下りなかった。ここで私の自信があっけなく崩れた。そこで結局ロンドンへはガタガタの船と考えていたのだが、堂々とジェット機で行くことにした。出発まで五日間、とにかく歩いてできるだけ多く貪欲にニューヨークを見ようと思った。しかも金を使わず安全にであるから大変である。この街は金を使わずして安全は確保できないのだが。

しかし、まあこんな風にやってみた。まずエンパイアステートビル。登ることで全ぼうをつかむことから始めたいと思った。一ドル六〇セント要した。地図も買った。Ｇパンも大陸横断の際破れ、その上ボブ（三日間乗せてくれた人）の車の中へ忘れてしまったので新しいのを買った。大変な出費であるが仕方ない、他には短パンしかはくものがないのだ。その分とにかく食費を節約することでカバーしようと思った。節約できるのはこの部分しかないのだから。毎食ピザとジュースか、ホットドッグとミルクといったメニューである。時々、自分でサンドイッチを作って食べる。歩きまわるから余計に腹が減る。しかし一食一ドルもかけてはおられない。何しろこれからヨーロッパ、アジアと回って日本まで自力で帰らなくては意味がない。

いかんせん金を使わずにニューヨークにおることは至難なわざではできない。私はチャレンジャーだ（粋がっているのではない。他にチャレンジする対象がないのだ）。使えばきりもあるまいが、ブロードウェーも近い。ミュージカルもバレエもストリップも見たい。かの有名な五番街でショッピングもできる。各種ミュージアムもあるが、しかし私は前を通過するだけ。無料の場所にはキッチリ足を運んだけれど、とりたてて見たいもの買いたいものはあったわけでもない。感心なことに怪しげなポルノショップの本だけはきちんと立ち見することを忘れなかった。そんな時私の隣で立ち見している者がたいていの場合日本人ときていることもしばしばだった。

大ニューヨークの狭い路地にはたいてい酔っぱらった黒人とかプエルトルコ人らしき人種がのたうちまわっているか、じっとあやしげな眼でこちらを見ていた。彼らも私と同じ人間だ。一番安心できるのはなぜかグリニッジビレッジかワシントンスクウェアの辺であった。これは好みの問題だろうか。学生、ヒッピーらしき人種が多い。私もその内の一人としてぼんやり時を過ごしていればよいのである。ロサンゼルスではオルベラの街、バンクーバーのU・B・Cの中、トロントではヨークビルがこんな雰囲気であった。なにかしなければ、もっと見るべきものも見なくては、といった狩りたてられたような気にもならないでもなかったが、しかし、ただただ経済的理由から遠慮せざるを得なかった。アメリカですべきことはした、出来る範囲内でしたような気持ちになっていた。なんせ一年もいたのだから。

しかし、虚しい感じだった。頭の中にサイモン&ガーファンクルの「サウンド・オブ・サイレンス」の曲が浮かんで来た。大好きな曲、なんと素晴らしい音の組み合わせなんだろう。

ヨーロッパの最初の朝

●ロンドンは日曜日

一夜明けるとヨーロッパの朝だった。まだ昨夜のニューヨークの灯が浮かんでくる。ぼやっとした眼をこすりながら通関の手続きを恐る恐る終え、二階建てバスに乗ってシィティ・オブ・ロンドンへ向かった。別に選んだわけでもなかったが、日曜日であった。この種の旅に曜日など選んでなどいられない。この場合、日曜日であったことが実は幸いしたのだが。

バスターミナルの近くにバッキンガムパレスがあった。衛兵の交替式は、観光ルートの一角をになっている。「犬も歩けば棒にあたる」式の幸運は時にあるものだ。観光客の群れの中にいると実に安心感がある。旅行者と見られた方がよいこともあれば、そうでないこともあるようだ。

交替式のセレモニーが終わるとまた不安感が押し寄せてくる。何をしようか、どこへ行こうかといったことである。手にある地図は、ジャルの機内でもらった小さなガイドブックの中のものだけだ。とりあえず、腹ごしらえを思いついた。いつも腹がすいている感じだ。路端で売っているホットドッグを買った。アメリカのものよりまずく、その上高いような気がした。英語もどうも違う、通じにくい。

ロンドンはその時良い印象は得られなかった。手持ちのお金も残り七五〇ドル程度だ。しかし、ロンドンを代表するようなものは一応見た方がよかろうと思ってもみた。

ビッグベンのこのあたりは観光客のたまり場なのだろうか。辺りをうろついていたら、数人の同じような日本人に出会った。彼らは色々情報を持っている。確かかどうかは知るよしもないが、今は信じるより他はない。この情報の入り具合で旅はよくも悪くもなる。入館料が日曜と木曜あたりが無料になるらしい。とりあえず大英博物館を訪れた。すべてのものに対して貪欲な気持ちはあるのだが、かといって専門の目で物を見る力もない。早くいえば弥次馬的目でしかない。しかし、それでも非常に疲れる。そうでなくても疲れているのに。

私は一人テームズの黄土色の流れを見つめながら、これからの行き先のことを考えていた。アメリカと何かが違う。くすんだ色調が歴史を感じさせる。旅人にとってこのくすみはこたえる。なにか気が滅入るようだ。私自身、かなりアメリカナイズされてしまったのか。物質的な豊かさが違う。自由さが違う。やはりアメリカは新天地であり、自由の国である。ヨーロッパへ来てわかった。

国際列車に乗って　●夜はヒッピーたちと

一泊を節約するためには国際列車に限る。ドーバーは夜だった。このあたりにも有名な海峡は、昼間じっくり味わいながらの船旅をしたいと思ったが、お金と相談するとそうも言っておられない。

太平洋を渡って以来、久し振りの船だ。あの時の船は希望であり、天国だった。今は一人船内で気の許せる者はいない。じっと暗い海が広がっている。私は船室の一角に自分のスペースを見出して静かに座っていた。周囲は、ヨーロピアンたちが楽しそうに談笑している。深夜になってもこの騒音は止まらなかった。私はサイドのドイツ人らしき人と一パイのビールを飲みながら話した。少しでも情報を得ておきたいと思ったことと、あまりにも淋しかったから。

朝方、船は朝もやの中、フランスはダンケルクの港に到着した。ヨーロッパ大陸へやっと来ることが出来た。また心が踊った。この旅もこの辺でなら挫折したところで恥にもならないといった感情にとらわれる。

国際列車はイギリス、フランス、ベルギー、オランダ、西ドイツとヒッチハイクに疲れた時、利用した。列車を利用すれば旅行は簡単だ。スムーズに距離が稼げ、計画的に進むことは確かだ。しかし、「ヒッチハイクで世界を一周する」とまあ、そんな調子に宣言して国を出たからには、あまり安易なことばかりやってはおられない。フランスのリールという街で一度列車を下りた。この街の大学に留学している友人を尋ねるため。しかし、その大学へ行ってもそれらしき人物はいないという。しかも英語が少しも通じない。私はいらいらしながら留学生の寮も尋ねてみたが、そこにも居なかった（実はその時友人はパリ大学へ移動していたのである）。私はあっさりあきらめ、再び列車に乗った。

ベルギーのブリュッセルでも下車して街を散策した。

この辺、随分な国々を次から次へと旅すると通貨の交換に苦労する。その国へ着いて何を一番にするかといえば、マネーチェンジだ。これだけでも相当疲労する。コンパートメントの列車もよし悪しだ。私の場合、乗り合わせた人はたいてい良い人だった。言葉はお互いに英語が少しできるか、通じないことが多かったが、それでも何か好意を感じた。車窓からの風景を説明したり、手に持っているもの、はては知っている日本人の名前や車や電気メーカーの名前だ。それでもよい。ブスッとされていては何をされるかと思ったりする。何しろ国際列車は、国際的犯罪の根城なのだから。

アムステルダムへ着いてマネーチェンジの次にしたのは、全ヨーロッパで通用する学生証を作ることだ。昨夜の列車の中でいっしょだったアメリカの若者からそのことを聞いた。また駅の待合室の三分間写真を利用して顔写真を作成した。まっ黒に日焼けした上に風呂など入った覚えもないのだから、いかにひどいか理解できよう。気に入らないがこの写真でがまんするしかない。手続きは簡単であった。一ドル支払えばその写真を添付してハンコを押してできあがりである。

アムステルダムにはカナダ、アメリカからの旅行者が多い。彼らの故郷なのだから皆、夏休みを利用してやって来た学生のようである。彼らは大西洋を一〇〇ドル程度のチャーター機でやって来て、現地解散してそれぞれの思い思いの方向へ旅するらしい。個人の自由を最大限に尊重する彼ららしいやり方だと思う。そういった連中も新たにここで学生証を作成している。これがあると美術館とか博物館とか、なにかと無料になったり、色々特権が与えられるのだから、作らないではおかない。めんどうなことではあるが彼らは体力に任せて、こういった細かい手続きをきちんとやっていく。その忍耐力には感心せざるを得ない。結局は自分の得になるというものである。その辺を憎いほどよく心得ている。

ヨーロッパの生活にも慣れてくると、より情報も入ってくる。従って安くて腹一杯になる食べ物屋も簡単に発見でき、再び旅への自信がわいてきた。焼き飯がある。「焼き飯とビール」この日本語でオーダーできるレストランがアムステルダムにある。日本人もよく来るみたいだ。アムステルダムロケに来た俳優の御一行にもここで出会った。バンクーバー以来久し振りの米食にもありつけた。別に私は米が特別に食べたいとも思わないが、安くて腹がよりふくれることが第一条件であり、その上うまいという条件を兼ね備えていれば言うことなしだ。こと食生活に関しては、私はインターナショナリストたる自信がある。

ねぐらにはやはりここでも恵まれなかった。久し振りに柔らかいベッドの上に寝たいものと思うのだが、ダム広場の近くの運河に面したユースホステルは満員で、私の泊まる余地はなかった。あぶれ者は私だけではなかった。そういった連中はきまって公園へ行く。あまり有名な公園はキャンプできない。警備員が追い払いに来るのだからだ。人間に追っぱらわれるのならまだしも、シェパードに追われたりした奴もいるとか。野宿というやつも無料とはいえ、本当にやっかいなものである。悲しいかな貧しい者はどこまでいっても行動範囲が恐ろしく規定されているようである。

こういった私のような若者には、ヨーロッパのどの国においても手を焼いているようだ。考えてみれば迷惑なことであろう。私にしてみれば東洋の果てからはるばるやって来ているのだから、多少のことは大目に見てもらいたいといった気持ちもあったし、その日その日のことでせいいっぱいであった。

公園は野宿組の若者でいっぱいであった。池の周囲にグループ毎の集まりができている。私はその中の一つの群れの片隅にそっと腰を下した。挨拶がわりにマリファナ入りのたばこが回ってくる。まるで原始種族の儀式のように。少しきたないツバがベットリとついている。その上、私はタバコは苦手ときているが、しかし拒むと損をする。その次はワインが来た、パンも回ってくる。当然このサークルの一員であることは利益を得ることになるわけだ。

彼らの多くは旅のベテランのようだ。ある者は北欧から、ある者はインド方面から帰って来たような者も居た。その中で私はインド・中近東方面の知識・情報の収集に努めた。残りの持ち金でなんとか日本まで帰れるという自信が、この野宿の中でできたと言ってもよかろうかと思う。この種の旅の知恵は体験した者から得るのが一番だと思う。旅している内に私自身のそういった知恵が拡大を続けていった。そういったことがなければ世界旅行は不可能であろう。

朝になると明るくなるかならないかといった頃から、同族の者どもは行動を開始する。そして、「さようなら」ということもなく、各自自分の次の目的地に向かって出発していく。

ガーミッシュパルテンキルヘン ●シューベルト氏の親切

ドイツのミュンヘンから南のアルプスの方に向かって、私はヒッチハイクを続けた。ミュンヘンでは、ヨーロッパへ来て初めて、ユースホステルの硬いベッドの上に寝ることができた。しかし、ユースホステルといっても、どうも安宿といった程度で、本当にリラックスできる場所ではない。リヒアルトシルマンというドイツ人がこのユースホステル運動の創始者であった。ドイツは言わばユースホステルの本家本元ではないか。どうも様子が違う。

大変期待が大きかっただけに、私は少々失望しないでもなかった。ロッカーも既に壊れていた。久し振りにシャワーを浴びることができると喜び勇んでここに飛び込んだのであるが、シャワー室はもうずっと前から使用禁止となっていた。ベッドルームといえば、大広間に鉄製の二段ベッドがぎっしりと並んでいる。ガタガタではあるが、まあベッドはベッドだ。野宿よりは相当よろしい。私はひとまず落ち着いてミュンヘンの街へ繰り出す算段を考えた。

ミュンヘンではこのユースホステルで働いている日本の若者をはじめ、ニューヨークから来た男、そしてヨーロッパ放浪の若者と私とで街へ繰り出した。ミュンヘンはビールの都であることは、日本人であるなら誰でも知らないものはないあの重量感のある陶器製のジョッキでポルカを聞きながら、白いブラウスにチェックのジャンバースカート、そして白いフリルのエプロンの美しい娘さんにサーブしてもらって大いに飲みたいと思った。

ビヤホールは、私の期待した通り音楽と酒と美しい娘少々。しかし、日本人であることだけでドイツの人々は好感をいだいてくれ、我々の席は近くのテーブルのドイツ人たちからのプレゼントのジョッキでいっぱいになった。おかげでドイツのビールをいやというほど飲むはめになった。しかし、いいことばかりではない。挙句の果ては、ユースホステルの門は締まっておるは、自分の確保していたベッドは他人が占領しておるはで、ケンカまでおっぱじめることになってしまった。

翌朝、やや二日酔いのけだるい疲労感を覚えたが、街を歩きはじめると昨夜のトラブルも忘れてまた爽やかな緊張感につつまれていった。行く手にはあこがれのアルプスが待っている。この期待感が私の旅を支える全エネルギーとなっている。南ドイツの田園がのどかに広がっている。こういった空間に出会うと私は旅する喜びを心から感じた。手に持った地図はカナダで買ったヨーロッパ全図だ。もうかなりグシャグシャになり、カンロクがでてきた。ヒッチハイクは順調であった。車を下りる毎にその地図を路肩に広げて現在地を確認した。

路肩でキョロキョロしながら地図を見ていると、通りすがりの車が私の方を不審そうな眼で眺めながら、気にしつつも通り過ぎていく。昼前、私の前に一台のフォルクスワーゲンが止まった。白ブチの眼がねの奥の眼差しが優しい。英語も私程度に話せる（さて、どの程度かな）。シューベルトにどこか似ているハイスクールの先生であった。

お昼をごちそうしてくれることになった。ドイツ風英語が時々理解できないが、しかし心根の優しさがどことなく伝わってくる。シューベルト氏のお宅は、グリーンの芝生に囲まれたドイツ的アカデミックなハイムであった。奥様も白ブチの眼がねで優しそうな女性であった。予期していないお客様にもさほど驚いた様でもなかった。その自然さが素晴らしい。昼食はごく普段食べているものであろう、私には説明できない。マッシュしたポテトをタマゴかメリケン粉のうす皮で包んで、油であげたようなものと、スープであった。私の巨大な胃袋を完全に満たし得なかったけれども、ドイツの家庭料理を味わえただけでも幸せであった。

ほんの二時間程度の触れあいでしかなかったけども、旅をしていてこれほど感激するものはない。いくら素晴らしい彫刻、絵画、自然に接触することよりも、やはり人の心に感動する。カナダ、アメリカでも私はこういった人々の親切に、旅する喜びを感じたものだ。私は今でもこのシューベルト氏と文通している。ほんとうの忘れがたき人である。アンドレア・ペコロニがその人の名前だ。

アルプスの道

●雪山はまねく

ドイツからアルプスの国は、まずオーストリアだ。そしてそこがかのチロルだった。チロルの都・インスブルックは早々に退散して、やや期待はずれではあったが、農夫が牧草を刈る牧歌的風景の中を、スイスの方へ向かって歩みを進めた。インスブルックは観光ずれしていてあまり印象はよくなかった。駅には観光案内のパンフレットさえおいていない。その上、対応に出た御婦人の感じの悪かったこと、東洋のはてから来た旅人に対する態度とは思えない。私は気が短いので先へ駒を進めようと思った。歓迎されないところへ長居は無用だ。

その日、私は暗くなるまでヒッチハイクを続けた。どこに野宿するか決めるのも大変であることはヨーロッパでも変わらない。まさか明るい内から寝ぐらをセッティングするわけにも行かない。一人旅の場合はいろいろと心配するわけだ。ほとんど真っ暗になるまで歩いて、私は小高い丘の上に疲れきった身体を横たえた。満天の星が降ってくるような夜空だった。

翌日、折角アルプスへ来たのだから、登らずばならないと思っていたチロルの一角からケーブルカーに乗って、まだ雪の残る山へ登っていった。かつて映画「サウンド　オブ　ミュージック」で観た世界が眼下に広がる。グリーンの牧草に遊ぶ牛、そしてその首につるされたカウベルから流れ出る牧歌的音色、遠くはオーストリアンアルプスの峰々が白く輝いていた。チロルへ来てはじめてアルプスらしい場所へ来たと感動を新たにした。そうだ、これこそチロルだ。私は昨日の不快感を忘れてしまった。

ケーブルカーを下りてから頂上をめざして歩いた。短パンにTシャツ姿では少し寒いがとにかく頂上をめざして登った。頂上まではなんなく辿りつけた。そこにはケルンが積まれており、かつ、電柱のような標柱が建てられていて、その標柱に金属のボックスが掛けられていた。私はいっしょに登ったドイツの人にキャメラのシャッターを押してもらった。そして金属のボックスの中に置いてあった登山者ノートに記念の署名をした。おそらく二度とここを訪れることはないであろうが。

山を下りて私はまた一仕事終えた気持ちになった。一日の内に私の旅では何回もクライマックスがある。常に新しい世界の中を歩んでいるのであるから無理もない。

アルプスの国の第二番目はリヒテンシュタインという小国だ。

たまたまこの国の首都ファドーツへ帰る人の車に乗せてもらうことができた。黒ぬりのベンツ、天井もボタン一つでオープンするすばらしい車であった。まだ雪の残っている山道を猛烈なスピードで走らせる。昨日アメリカ、今日フランスといった国際的に活躍されている人らしかった。私は今夜はひょっとしたら彼の家にやっかいになれると浅はかな思いが脳裏をよぎった。しかし、やはり私の思い過ごしであった。ファドーツの美しい教会の前で、その乗り心地の非常によい車から下りなければならなかった。時は夕暮れ、私は少し空腹感を覚え、近くのミルク屋へ寄って一杯のミルクを飲んだ。金属の容器にシャクで一杯、実に濃いおいしいミルクだった。その素朴なおばさんの顔が美しく思われた。

アルプスの国の第三番目は、おなじみのスイスである。スイスでの最初の朝はガソリンスタンドのベンチの上で迎えた。昨夜は強烈な雷鳴がとどろいていた。山国の雷はすごい。耳もとでドラムカンをたたいたようだった。私がスイスへ入ってから、どうも天候が思わしくない。この天候は、一週間単位で変化するようだ。私はその悪い天候の一週間をスイスで過ごしたようだ。世間ではこういったことを、ついていなかったというようだが、それはそれで楽しめばよいのだ。

スイスでもパトカーの世話になった。アウトバーンでヒッチハイク中の私の前に一台のパトカーが止まった。しかしスイスの警官は話せる。私を乗せて目的地のベルンの街まで運んでくれることになった。もっとも私が彼らであっても、この賢明な方法を選ぶであろうと思ったのだが。

雨のベルンはしっとりと伝統的風格を感じさせる街だった。ベルンでもユースホステルへ泊まった。ここにも日本人が働いていた。しかも女性だ。残念ながら私の好みのタイプではなかったが、夕食を多目にサーブしてくれたのが縁で少しだけ話した。いや、話してやった。

意地が悪いのは私だけではない。このユースホステルのシャワーも故障中で、また不潔な身体のままでベッドに入った。

第四番目のアルプス国は再入国フランス、そしてシャモニーの街だ。ここはモンブランの登山基地。ユースホステルは氷河の真下とあって、雪どけの音がドウドウと響いて、どことなく不安であった。ここでヨーロッパへ入ってはじめてシャワーを浴びた。思う存分とは言いがたい。なにしろここの水ときたら氷河の解けた水であるから、一〇秒間も浴びれば冷たくてもういやになる。しかし、夕食は思う存分食べることができた。大豆を甘く煮て、その中にウインナーソーセージが入っている。なんでもよい、私は腹につめられるだけつめた。そしてそれが許されたのだ。このユースホステルは良心的だ。いっしょに食べていたベルギーの中学生に笑われたぐらいだ。「あなたは東京を出てから一度も食べていないのか」と。このところ本当に食事らしい食事をしたことはなかった。私は「ニヤニヤ」笑った。同意の意味で。

太陽の国へ

●モンブラントンネルを抜けて

シャモニーの町は小雨が降っていた。運よくモンブラントンネルのすぐ前で一台のトラックを止めることができた。誰も止まってくれなければ、私はこの世界で一番長いトンネル（一一〇キロメートル）を歩いて抜けることになっていただろう。モンブランは、スイス・イタリア・フランスの三国の国境にどっかと腰をすえているヨーロッパ最高峰の山だ。モンブラントンネルはフランスからイタリアへ抜けている。

トンネルを抜けるとそこは太陽がさんさんと輝いているイタリアであった。緑のU字谷、氷河が削りとったスレート状の石を屋根にふいた白壁の民家が並んだ村が眼下に広がっていた。氷河はトンネルのすぐ近くを、白というよりグレーの氷の塊となって流れ出していた。雄大な眺めだ。

私は通関手続を終えると氷河の上で遊ぶため、ズダ袋をほっぽり出して氷河の方へ歩いた。氷河はものすごいエネルギーを持っている。回りの岩肌をえぐり取り、樹木をなぎたおしながら斜面をずり落ちている。氷河の上にはグレーの小石から、岩石・大木が乗っている。遠くからグレーに見えるのは、これらが氷面をおおっているからだ。

　氷河から下りると再びヒッチハイクを続けた。空はスカーッとぬけるような青空であった。モンブランもアルプスも次第に私の視界から遠ざかっていった。乗せてもらったフィアットの車で流れる音楽はカンツォーネになった。私は指でグッドのサインを作った。運転手氏はニッコリうなずいた。アルプスでまだし残したことがあるような気もしたが今は気分爽快であった。これでいったい何台の車に乗っただろうか。フトそんなことが頭に浮かんだ。もうどんな車に乗ろうと、なに人の車に乗ろうと、それが悪人であろうとなかろうと気にもならなかった。

グラッツァノ・ビスコンティー家

●貴族氏はハンサム

こういった旅行はほんとうに計画がたてにくい。勿論、おおざっぱなコースは一応、あらかじめセッティングはしておく。その日も私は「ベネチアへ行こう、イタリアへ来たからにはやはりベネチアだ」と思っていたが、ミラノの街を歩いてどうもベネチアへの道がわからないでいた。警官に尋ねても、会う人ごとに尋ねてもどうも一貫した答えがかえってこない。イタリアとはこんな国なのかしら。

私が精根つきはて、あるガソリンスタンドへ行ったところへ現れたのが貴族氏だった。全く明快な答えが返ってきた。私はベネチアへ向かっているのではない、むしろその正反対のジェノバに向かって歩いているということであった。

私は道を教えてくれた貴族氏のスポーツカーに乗ることになった。そしてベネチア行きをあっさりあきらめ、ジェノバへの道まで御案内いただくことにした。貴族氏は英語が上手に話せた。そして東洋に大変興味を持っているようであった。

その内にこの東洋の若者を家庭に連れて帰ろうという気持ちがおきたらしい。彼にしてみれば、ちょっとした気まぐれであろう。しかし、私にとってこの気まぐれは非常にラッキーであった。車は遠々と続く小麦畑の中の一本道を猛烈に飛ばしていた。突然のごとく私の視界の中に土色のレンガに囲まれた中世の都市が現れた。車はその中にすい込まれるように入っていった。

夕暮れに近かった。うっそうとした木立の間に石だたみの道、所々に様々な彫刻がたっていた。人々は家の前に椅子を持ち出し、静かに夕方の一時を憩ってる様子。車に気付くと静かに微笑し、あいさつがおくられてくる。なんとなくいい感じだ。やがてあたりで一番りっぱな門前に来て車がぴったり止まり、門は静かに開いた。私はさほど驚きもしなかった。ここに来るまでに私を乗せた人がどういった人か、大体のところ見当がついていたから。それよりも好奇心と期待感、そして不安が大きくふくらんでいった。

門をあけた人は金のモールをつけた緑色の服を身にまとって、ちょっと演出をこらしている風であった。玄関前では奥さんと一二歳ぐらいの娘と八歳のぐらいの息子、そして中年過ぎのもう一人の御婦人に迎えられた。勿論、彼らは主人が薄汚れたヒッチハイカーを伴って帰ってこようなどとは夢にも思っていまいが、しかし少しも驚いていないし、またかといった表情でもない。無理に平静を装っているようでもない。私は奥様であろうその御婦人の気品のある美しさに、かつ子供たちの美術品のような可愛らしさに、そして私に対応したときの自然さに感動を覚えた。

貴族氏は東洋美術、銀器、その他の美術、コットウ品が少なくとも数百、あるいは数千も置いてあるであろう部屋を案内した。日本のヨロイ・カブトもあった。彼の五代前の当主の馬上の姿を画いた肖像画は、畳四枚分はありそうだった。私が泊まった部屋にも銀の花瓶が置いてあった。

期待していた夕食は案外質素であった。その時私は、イタリアは昼食が豪華で、夕食は質素であること、その文化的特性を知らなかったのだが、それにしても質素だった。まずスープ、そしてワインとパンは常に置いてあるのだが、チーズはパレットにのった十数種類の中から適当に選ぶ。メイン料理は目玉焼き、そして見ばえのさほどよくない野菜と、これまた見ばえの悪い果物で終わってしまった。私はすごいビーフステーキ的なものを期待していただけに、いささかがっかりしてしまった。その上、フィンガーボールの水を飲むというお粗末をやらかしてしまった。「こじきと王子」の物語はよく読んで知っていたのだが、まさか自分がやるとは思わなかった。やはり私はかなり貴族氏の前で緊張していたのであろう。（私の名誉のため、このことは絶対口外無用にお願いします。）

ベッドはノメリ込むほどフンワカであった。野宿かユースホステルの岩のように硬いベッドしか知らない私にはかえって寝苦しく感じられた。そのことだけで寝つけられなかったのではない。どうも話ができ過ぎていると感じないでもない。十数世紀の館はどこからともなくミシミシという音が聞こえてくるし、窓にはきっちりと鉄ごうしがはめられている。私が持っている武器はといえば、小さなナイフが一つだけだった。

翌朝、再び貴族氏の車でジェノバへの道まで御案内いただいた。貴族氏は何事もなかったように猛スピードで去っていった。私の手に一枚の名刺が残った。Duke（公爵）グラッツァノ　ビスコンティー、それが彼の名前らしい。まるで真夏の夜の夢だ。

デカ鼻のパリ大学生と ●イタリア中世の街々

ジェノバはコロンブスの生まれた街だ。地理学専攻の私はそれぐらいのところまで知っている。知っているのはそれぐらいで、イタリア語で「ユースホステルはどこか？」それすら知らない、しかしそいつを考えながら歩いていた。「オステロ　デル　むにゃむしゃ」とやっている内にユースホステルに不思議と辿り着いた。そこがまたかつての貴族屋敷だという。なんというぜい沢な国か。過去の遺産は博物館の内などではない。こうして、私のために、あまりにも貧しき私のために一夜の宿屋になっているのだ。

ジェノバの港、かつての大繁栄していたその港を見下ろす丘の上のそのユースホステルで、一本の小さなワインをラッパ飲みしながら、夕暮れ時のジェノバ港を眺めていた。漁師が小船に乗って漁をしている姿は美しく、無駄のない感じがした。その姿に見とれているのは私だけではなく、各国からのホステラーも同様であった。おそらく私と同じものを感じているに違い無い。久し振りに私は余裕を取りもどしていた。昨夜のビスコンティー家の一夜はまさしく夢のできごとのように思われた。かっての大ローマ帝国はやはりどことなく素晴らしい。
翌日、私はピサに向かって歩いていた。私が行こうとするどの方向にも歴史の中で重要な役割を演じたか、あるいは重要なる人物を、美術を生み出した街が点在している。さけては通れない。ジェノバは、私の好きだったロサンゼルスの街に似たところがあった。ヤシの木が並木に使われている南国風だ。

ピサの斜塔で有名なピサの街までフランスの学生ミシェール氏のごやっかいになった。彼はフィレンチェのガールフレンドに会いに行く途中だった。私とは大きな違いだ。女性にもてる、もてないはともかくとして、私はこいつといっしょに行こうと思った。案外お人好し的だ。私は人を見る目が最近とくに鋭くなっていた。生活がそうさせたのだ。彼にしてもやはり思った通りお人好しの青年だった。その日から三日間、そしてピサ→フィレンチェ→シエナと私の運転手を、いや、親切にも乗せてくださったのだ。

ピサ、そうピサと言えば斜塔、そしてガリレオだ。もちろん私はその塔にも登りました。私の生きている内にたおれてしまうかもしれないその有名な斜塔に。そして、下りて来るとそのすぐ下の店でスパゲッティーを食べた。ワインも飲んだ。すべて彼のおごりで。私とて彼が日本へ来ればそのくらいのことはしてやれる、そう信じている。

フィレンチェで、彼は私を伴って彼女の泊まっているホテルへ行った。フロントで一人の女性を二人の男が訪ねるのはまずいと言われた。変な気の回しようで、理解に苦しんだのだが、おし切って彼女の部屋へ行く。思ったより美人だった。彼は私に「シャワーを浴びろ」と言う。どうやらその間にやるらしい。私はじっくり念を入れてシャワールームへ入った。彼女の下着があった。その黒い下着がたまらないほどセクシーだった。

フローレンスでもユースホステルへ泊まることにした。ここも貴族屋敷だったようだ。門から五〇〇メートルほど丘を登りつめた所に館はある。その辺はキャンプ場でもあった。キャンプ場で寝ることにした。無料であることは最優先されるのだ。

翌日、そのユースホステルで朝食を食べていると、昨日のミシェール氏から電話がかかってきた。「シエナの祭りを見たいので君も行こう」というお誘いだ。彼女をかしてくれなかったのだからそれぐらい当然だろう。しかもローマへの通り路だ。あまり好きなタイプではなかったが、ユースホステルで出会った二人の日本人もついでに連れていくことにした。

シエナは中世の城壁都市だ。広場を中心として放射状に道路が延びる。その広場を中世のコスチュームを着けた人や馬が行進する。昨夜がどうやらクライマックスだったらしい。人も馬もやや疲れた感じがする。このハードな石だたみの上を走り回ったのだから無理もない。

四人の昼食を終えるとミシェール氏はフローレンスの彼女の所へ帰っていった。私は他の日本人を同行したことを悔やんだ。二人で旅をしているからやたら威勢のいいことを言う。おそらく一人になると全くだめなのだろう。そんな類にはよく出くわした。私は早く一人になりたいと思った。こんな奴らといっしょでは何ものもぶちこわしだ。私は不愉快そのものであった。ローマは近かった。

ホリデー　イン　ローマ

●ビザはこのへんで

ローマのユースホステルは、世界の若者でごったがえしていた。まずまずの居心地で私はここにしばらく滞在しようと思った。隣のベッドの奴があの悪名高い南ア共和国の学生で、少し見くだしたものの言い方をする。気にくわないとすればこのことだけだ。静岡から来た石川さんと出会ったのもここだった。まるで高砂族といった感じで、やや精悍な顔つきだ。私はいっしょに行動する者は極力選ぶ。折角の旅、いや、私の人生を台無しにされるのが嫌であったから。たった数十日程度のヨーロッパ旅行をしている奴で、いかにも大冒険をしたという風な口を利かれるのはガマンできない。その点、彼は謙虚で丁寧な口の利き方をした。しかもロマンチストであった。私はほんの数日彼と行動を共にした。

ユースホステルには二泊して、そのすぐ前にあるオリンピック記念体育館の軒下へ移った。大理石製の窓枠は丁度人一人分ぐらいの長方形の枠があり、数人がその中で夜を過ごしている。遠くから見るとまるでハト小屋のようで滑稽だ。便所と食堂だけはユースホステルのを使うわけである。ごったがえしているから、宿泊者もそうでない者もホステル側では見分けがつかない。私はこういう所へくると本来の実力を発揮することができるようだ。

ローマでは旅の歩みを止め、ゆたっりした気分に久しぶりでなれた。そして、今後の目的地となる中近東方面の情報収集と、大使館まわりをして、滞在許可証を入手しておこうと考えた。こういった世界旅行は気楽なようでなかなかわずらわしい。なにしろ、エージェントを通してやるわけにもいかないから、すべて自分の足で、大使館か、もしくは領事館を訪れて手続をしなくてはならないのだ。

ローマは私がこれから行こうとする大使館が、歩いて行ける範囲内に点在していた。私の場合、歩くことがすべての前提条件となる。大使館へ行く途中、ずっと私は英語でどのように言えばビザがスムーズに入手できるかどうか考えながら歩いた。身なりにもできるだけ、とはいってもここ数十日着けているTシャツとGパンはいつもよれよれのやつだったが、ひげをそり、顔を少し丁寧に念を入れて洗っては来たつもりだ。なにしろ、こういった政府のお役人は人を見かけでランク付けするために存在しているのであろうから。そのために米国再入国の際、この善良なる日本の若者を不良外人とランク付けして、一週間の滞在許可しかくれなかったアメリカの役人たるや全く無礼だ。

しかし、ものにはすべて例外があるローマにおけるイラン、パキスタン、インド、トルコといった大使館は好意的に迎えてくれ、薄気味悪い感じがした。どの大使館も愛想が非常に良かった。紅茶を御馳走してくれる大使館さえあった。ローマあたりの大使館に配属される者はこういった職業でも一流の人間であろうから、やはり人間ができている者が多いのかもしれない。私は非常に気をよくして、これから訪れる国がバラ色に見えてきた。私はユースホステルへ帰る途中、酒屋で一本のワインを買った。そしてまずは西アジア諸国にカンパイした。

ホゴになった約束

●ナポリを見てそして再び

ローマのユースホステルでは世界中の若者とにわか友達になった。その中の一人、インドからの若者、私と同年代だとは思うが、なんともタドタドしい英語で人をやたら疲れさせる。

この旅行中は度々インド人と知り合った。その多くは大変紳士的で静かな人たちであったが、この男は例外で、どことなくいやな感じだった。好きでない奴にやたら好かれるというようなことはざらにあることだが、この場合がそれだった。そして、うかつにも私は彼とヒッチハイクでナポリまで行く約束をしてしまった。その約束は大変いいかげんなものであったことも確かなのだが、それにしても「何時に出発するか」、そのへんの取り決めが全くなかったとしか言いようがなかった。

私は、朝は早い方であった。午前七時には準備万端整えて、ユースホステルの前庭で他の連中とだべっていた。その間にも他の連中は、いそいそと各自の目的地へ向かって旅立って行った。ところが私の相棒たるや、待てど暮らせど現れず、いらいらしていた。私は一時間きっかり待つとこれ幸いとばかりに一人ローマ駅の方へ歩いた。

なにもいやな男と好き好んで旅することもなかったし、大都市圏をヒッチハイクで抜け出るのは容易なことではないことを私は知っていたから。なんと言っても汽車の旅は楽だ。危険も少ないし、目的地にはほとんど数分以内の差で到着できる。従ってゆったりした気分で周囲を眺められる。イタリアの女性の美しさも、車窓から見る南部の田園風景、そしてその中に時々現れる歴史的モニュメントと、現代に生きる人々の姿等々だ。南部イタリアではヒッチハイカーはあまり歓迎もされないと聴くし、私は、自分が選んだ方法が最良と思った。そして、哀れなインド青年との約束をすっぽかしたことも忘れていた。

しかし、悪いことは出来ないもので、ナポリのあのビルからビルへ渡した針金に干された、おびただしい洗濯物の下を潜りぬけて、やっと辿り着いたユースホステルにこれ以上いやみな顔はない顔（ただでさえいやな顔のその上に）で、私を迎えたのが、哀れなはずのそのインド青年であった。

彼がいやみたっぷりに、しかも一気に喋ったところのよると、「他の相棒を見つけてなんなくヒッチハイクでここまで、いやこの玄関先まで来た」とか。私はイタリアにおける私のヒッチハイク概念を訂正しなければならないのか、彼がでたらめを言っているのか、ともかくこいつの面のないところでゆっくり考えようと思った。

ホステルのすぐ下には小さな港があった私はいやなことは忘れて海水パンツとTシャツ姿になって、その港から腕のようにのびた防波堤の上に行った。海は青く、ナポリ湾を隔てたその向こうに有名なベスビオス火山が望めた。防波堤の上ではホステルに泊まっている若者が数人と、二人のイタリアの若者が泳いでいた。私にとって泳ぎは数少ない特技だ。そうでなければ、こんなしんどい旅行に海水パンツなど持ってなど来ない。心臓の辺りに水を浸すと、できるだけカッコよく飛び込んだ。浮き上がってくるとイタリアの二人がニヤニヤ笑っていた。いや、美しいカラリとした笑顔だった。私もニコリと笑ってみた。

翌日ポンペイを目指して一人ユースホステルを出発した。もう、約束はコリゴリだ。ポンペイまでいかにして行くかは歩きながら考えた。考えているその最中にも色んな邪魔が入ってくる。まず第一に子供たちがやって来て「シガレット？」といって手を出す。タバコがなければ「金をくれ」というし、やたらひつこい。ジプシーの女性は子供を抱っこしてやってくる。彼女も平然として、いや高貴なるプライドを浮かべたといおうか、とにかくものをもらうといった顔でないのだが、手をお出しになるのだ。やらないとなるとひどい悪態をつく。まさに豹変する

青い空、青い海、ピーチレッドのブーゲンビリア、なかなか味わいのあるところだ。「ナポリを見て死ね」とまあ、ゲーテは言ったそうだ。確かに役者は多い。レモネード売りのおっさんもその一人だ。歩いていると腹も減るし喉も乾く。そこへタイミングよく登場するのが屋台のレモネード売り。お客のよく見える所へは、確かに大きなレモンが並べられている。しかし、それを使うのかどうかは極めて疑問なのだが。でもナポリにも悪い奴ばかりではない。このレモネード売りのおっさんに限っ

ては絶対保証しよう。どでかいやつを惜しげもなくバサッと二つに切って、グラスに一滴も残さず絞りこみシロップと氷と水を注ぐ。これは実にうまい。

ポンペイへは乗り合いマイクロバスタクシーで行く。行く先々でバスのおっさんが呼び込みをやる。そしてギュウギュウ詰めになるまで人を乗せないと走らせないから、やたらと時間がかかった。しかし、お客の方も黙ってなどいない。「早くバスを走らせろ」とガンガン怒鳴る。カラッとした調子だから、端迷惑でもないばかりか、おもしろいぐらいだ。

ポンペイの遺跡の入口ではまたおかしなおやじが待っていた。日本語を勉強しているのだ。従って日本人と見るや話し掛けてくる。まあ、これなんか人畜無害だ。ニヤニヤして「おじょうずですこと」と言っておればよいのだ。

遺跡ポンペイの街、天災といえばごく短時間の内に街が滅んだ。その悲劇の舞台に私はやって来たのだ。しんみりせずにはいられない。私は元来、心の優しいセンチメンタリストなのだ。しかし、それにしては腹が減り過ぎていた。ポンペイではニューヨークに住んでいる日本人二人と出会った。そして遅くなった昼食を三人で食べることになった。レベルを無理して彼らに合わせると自然豪華なものになった。ワイン各自一本、スパゲティーとピザ各一皿、それらはいずれもどでかいのが出て来た。その時、私は夕食を抜く決意をしていた。そして気楽な所で一気に平らげた。

あまり貧しい旅も考えものだ。時に感動するまで心まで奪う。そうなると旅する意味が無くなるではないか。しかし、今はそれも望めない。とにかく旅を続けなければならないのだ。私はこれから訪れるギリシャに期待した。その物質的貧しさにではあるのだが。つまり格安の旅行ができる舞台としての期待だ。

ペロポネソス半島ヒッチハイク競争

●東洋からきた男四人

ギリシャのアテネには真夜中になって着いた。この辺の交通機関になると旅行者の都合や気持ちなど全く考えないのが常識らしい。私はどこで寝てもよかったのだが、フランスに留学していた日本女性二人をエスコートしていたから、どうしてもベッドを見つけてやらなければ許されなかった。やっと見つけたユースホステルは、ローマユース以上に、いや比較すると失礼なほどひどいものであった。女性はなんとか二つベッドがあてがわれたものの、私は南京虫のひっついたような毛布を一枚もって屋上で寝ることになった。屋上へあがる途中の廊下がすざまじい。何人も人を踏んづけそうになったほどだ。廊下といわず階段の途中といわず、人が寝ているのだ。私は屋上でやっと自分のスペースを見出してそこにそっとおさまった。寝ころがって見上げると女性の下着が干してあった。時々水滴が私の顔に落下して来る。それでもよく寝られた。

このユースには他に三人の日本人男性が泊まっていた。私がこれから訪れるインド・中近東方面から一人、ヨーロッパ・アフリカ経験者が一人、シベリア鉄道経由でヨーロッパへ着いたばかりの男が一人であった。私を含む三人は大学生、そして一人は早大OBである。なんとなく気があって行動を共にした。

ある日、四人でペロポソネス半島一周ヒッチハイク旅行を考えついた。「四人でヒッチハイクは難しいので、二組に別れて、しかも同一方向では面白くもないので、互いに反対方向から一周してより早く帰着した方が、一食分おごる」ということにした。そして我々は、この阿呆らしい競争と本気で取り組むことになった。取り敢えず四人でペロポネソス半島の入口までいっしょに行くことにした。

大地はまっ赤、空はまっ青、太陽は容赦なくこの四人の旅人の上に焼けつくような光線を浴びせた。その上、ヒッチハイクのサインを出したところで一台の車も止まってくれない。ヒッチハイクなるものは現代の文明国だけの約束ごとなのであろうか。このヨーロッパ文明発祥の地では、ヒッチハイクのサインすら理解してもらえないのか。そういった身勝手な旅行方法など、誰も思いつきもしないのかもしれなかった。

私はカナダの大森林の中で七時間も待ち続けて、一台の車にも止まってもらえなかったこともあったから、待つことには自信があったが、他の三人が相当バテてしまっていた。我々は既にエーゲ海の見える所まで歩いてきていた。そして、そこでしばらく休んでから、今後のことをいかにするか決めることになった。私はエーゲ海で泳ぐことがあこがれであったので、大変無理をして一人だけ泳いだ。ナポリで泳いでから久しぶりであった。結局のところ、ヒッチハイク競争は実現させることができなかった。その日はその海の見える丘の上に野宿することになり、二人が荷物の番、比較的元気な私ともう一人で夕食のため買い出しに出掛けることになった。一キロメートルぐらい歩いてやっと店らしき家を発見したスイカ一つ、パンとワイン、そして日本製の魚のかんづめを買ってキャンプ地までに帰った。それでも我々にとって盛大なる晩さん会となった

インド方面からきた髙橋はとっておきのハッシッシ入りのタバコを提供した。私は何回もそれを試して見たが、一度も利いたためしがない。それよりもワインの方が昼間の疲れに乗じてよくまわった。遠くに街の灯が見えた。空は満天の星がここでも輝いていた。誰もペロポソネス旅行を実現させることができなかったことを悔やむ者はいなかった。

エーゲ海の船旅

●タバコ売りの商人になって

船旅といえば優雅な響きがあろうが、私の場合は何時も例外のものだ。カディスというトルコ船、恐らくドイツあたりで三〇年ぐらい前に活躍していたものを、いらなくなったので貰ってきたといった感じである。かつての文明国は、現代繁栄している国のお古をあてがわされるのであり、いわばトルコ共和国をはじめとする西アジア諸国は、中古品の活用国である。どことなく、我々を含めた、乗客もすすけた感じがするが、古き良き世界を見ているような、どことなく懐かしささえ感じさせる光景であった。

ベッドもきちんとあてがわれた。ユースホステル並みだが、その辺からネズミでも飛び出しても決して不思議でもないようなものであった。食事は出ないばかりか食堂らしき場所もない。どうやらこの船は食料持ち込みが原則のようで、他の乗客はその時刻になるとごそごそ持ち込み品を取り出して食べているのである。私たちはその原則を発見するのに時間がかかる。従って、私と二人の仲間だけは食べ物がない。仕方なく船員専用のキチンへ入り込んで「なにか恵んでくれ」と適当にまじないをかけてみると、私達の意を介したのか、三人分のパンとドロドロにしたスープが眼の前に運ばれてきた。しかも驚いたことにお金はいらないと言う。一食分本当に助かった気持ちだった。これがまた、本当においしいスープだった。

このアテネ↓イスタンブール間の船賃は約一〇ドルそのために三人ともアテネの赤十字で三〇〇ccの売血をして約一〇ドルの金を稼いだのだ。日本では禁止されている売血もだいたいの文明国では今も行われており、貧しい旅行者もよく利用しているようで、因みにU・S・A、クウェートでは三〇ドルである。

船が小アジア半島の街、イズミルへ着いた。ここで二〜三時間停泊するらしい。我々は、船の中で買い込んだアメリカタバコをかかえて上陸した。もちろん説明するまでもなく商売をするのだ。買い値よりも二〜三倍で売れる。トルコはタバコの産地とは聞いていたが、アメリカタバコは格別のようであり、一本売りもできる。街の人だまりで店を広げるや我も我もと、あっという間に売れてしまう。その金ももって食料を買い込んで意気揚々船上の人となった。

エーゲ海は波静かで、点在する島々が白く輝き、瀬戸内海に似ていると思った。ロビーではギリシャ旅行をしてか、トルコへ帰っている御婦人が静かな語らいをしていた。ほおが少し赤くふっくらとした顔を、きちんとスカーフで包んでいた。セピア色のゆったりしたワンピースに皮のサンダル姿だ。かつてロシア映画の中にでて来た農夫の妻といった素朴で、どことなく土の匂いのする女性に、私はしばし観察の視線をおくった。

船は有名なレズビアンの発祥の地、レスボス島の近くを通過し、エーゲ海と別れ、ダーダネルス海峡を経て、夕方、夕もやの中にかすむモスクの尖塔の林立するボスポラスの海峡へさしかかった。船上より眺望するイスタンブールの街は、不思議な違和感を覚えた。サンフランシスコを初めて見た時の、新鮮なその違和感とも似た、一種のカルチャーショックだ。

ヨーロッパとアジアのはざま ●無賃宿泊者

オランダでもそうであったが、イスタンブールへ着いてまずここでも最初にしたことは、トルコのスチューデントカードを作ることからであった。このカードはさほど役に立ったことはなかったが、しかしステューデントホステルとやらへ泊まるのに必要であった。

イスタンブールの街は、もの珍しい風俗・風物がそこらじゅうに散在している感じであった。今までの世界とは全く異なった世界である。何が違うのかといえば、アメリカナイズされることを極端に避け続けたとでもいおうか、現代科学文明を明らかに採用してない社会のようだ。私が船上で感じた不思議な違和感なるものは、どうやらイスタンブールと、そこに住む人々が織り成す生活に対してであることに、上陸して初めて気付いた。

少年が水を売る商売があった。重そうな水の入ったタンクを背負って、コップ一杯が単位の水を飲ませるのである。少年の顔も、手足も、着ているものも、どことなく全体的に汚れた感じである。水の入ったタンクには、日本のトラック野郎の好きそうな原色の絵がギッシリ画かれている。フィリピンのジプニーのにぎやかさだ。だが、それもどことなく汚れている。町も中古品のような、過去の人々の残したものに、現代人の知恵を加えることを怠っているとしか思えない。がしかし、そこで生活している者に窮迫感といったようなものは感じられない。人生はこのくらいでいいのだ。むしろ、のん気に、ほどよくやっているようにしか思われない。

のん気といえば人の体重を計って金を取るという者もいる。ヘルスメーターを自分の前に置いて、誰かがその上に乗るのを腕を組んで待っているのだ。乗って自分の体重を計ったら、もしくはヘルスメーターの数字が読めない者には数を教えてやれば金をいただけるわけである。こんな楽な商売が他の世界なんかでは成立するはずもない。

それでもまだ商売らしきものをおっぱじめている奴はいい。なにしろ、ここの連中ときたら我々を何人と思っているか知らないが、とにかく旅行者と見たら良いカモが来たと思っているらしく、やたら近づいてひつこく商談らしきものをもち込んでくる。「こっちゃかていくらなんでもそう易々と乗せられてたまるか」と、まあ、そんな風に思ってはいるのだが、一度だけまんまとやられてしまうという不名誉な実績をつくってしまった。

闇ドル交換屋が出没しはじめたのは、私のこの旅ではイタリアのローマあたりから。しかし、そいつらを全く信用しなかったのが幸いで、レートは悪くとも堅実な方法で、例えば銀行・ホテル、悪くてもユースホステルぐらいでその国の金を買っていたものであるが、ここトルコへ来て、うわついた冒険心が湧いてきたのか、闇ドル屋を利用しようと思うようになってしまった。人をだます彼らの手口は単純だ。一〇ドル札を一ドル札に、無論、このダサイ日本人の気付かない内にだが、取り替えてしまうのだ。まるでマジックのごとく、すばやくやるのである。私一人ではない、他の二人の仲間も彼のマジックには気付かないのだから、日本人というのは本当にどこまでいってもだまされ易いようだ。ま、中東ではその時一度だけだから、九ドルの授業料は安いといえば安い。タバコ売りしてもうけたことを思えば……。

ところで石畳の道を、しかもノラ猫のウョウョ居る道をやっと辿り着いた。(イスタンブールには、本当にマホメットの愛したとかいう猫が多い）スチューデントホステルは安いことだけが取り柄といったところで、一人の恐るべき横着な若者が管理しており、案内された部屋は、ここ数カ月、いや数年かもしれないというもの、一切掃除されたことのないような薄汚れた部屋であったが、一応三台のベッドだけは置かれてあった。それ以外何もなかったが、野宿するよりはましだと思った。

便所が変わっていた。トイレットペーパーなるものを使わない仕組みなのだ。その方が便利といえば便利だが、やはり始めはどうもそこまでしなくとも思わざるを得なかった。しかし、慣れるということは恐ろしいもので、結局、「紙をもち歩く必要もないし、その工程が短縮できると思えば結構なことではないか」と、まあそんな具合に思えるようになった。

私たちは、そのホステルを足場として、三日間ほどイスタンブールの街を歩き回った。そして、折角取得したステューデント証明書をフルに活用して、無料で行き、観ることができる所はすべて行きまくった。しかし、この学生証はトプカピ宮殿はもちろん、たいていの所であっさり拒否された。三日目の夕方、三人の内の一人、北大生の栗林伸がロンドンへ旅立ち、村田さんと二人だけになった。

さて、出発の朝、なまけ者の管理人はどこにも見当たらなかったことをいいことに、我々は最後の一日分の宿泊代を払うこともせず堂々と、いや本当は逃げ足でステューデントホステルを後にした。悪いことをすると全く落ち着かない。イスタンブールから対岸のウスキュダルまではフェリーボートに乗った。それでもなお私たちは不安であった。やっぱり私は根っからの善人なのだろうか。

黒海へのバス旅行

●親切なトルコ人とバス停のおっさん

赤茶けた高原上の都市アンカラへは、早大ＯＢの村田さんと二人でやってきた。イスタンブールからフェリーボートで対岸のウスキュダルへ、やっとボスポラスを渡ってヨーロッパからアジアへと入ったわけだ。日本はアジアの東の端、トルコは西の端であるが、これほどまでに異なった世界が同じアジアに存在するのだ。しかし、良く観察すると大体同じような意識をもって生活が営まれているようでもある。

アンカラでは、アンカラ大学に泊まることにした。村田氏によると、そこの学生寮に泊めてもらえるとの情報を得ている。しかし、地図を持たない旅二人だ。しかも言葉が判らない。ここで最低必要な「大学」という言葉と「どこ」という言葉だが、それすらわからない。しかし、人だまりで適当な言葉を二人でわめいていると、「ウニベルシタスどこか」「ユニバーシティ where?」とかなんとか、でたらめやっているのだが、それでも様々な答えが返ってくるのだから不思議だ。

彼ら特有の単なる社交的お愛想なのか、本当にこちらの言っていることが理解できて、その上での返答なのか定かでない。しかし、その中でも信頼できそうなものをピックアップして、その意見に従わざるを得ない。そういった人だまりからの指示に従って五回から六回、そういったことを繰り返していくうちに、どうやらアンカラ大学学生寮らしき場所に行きつけたようだ。なんとも不思議な気がする。村田氏の情報はいつも大体正しく、ここでもほとんど数十円に近い宿泊代を支払っただけで、トルコにしては上等な部屋におち着くことができた。

便所には、しかし紙は置かれていなかった。その代わりにホース付き水道の蛇口が便器サイドに設置され、終わったあと、それで、その部分を洗うしくみになっていた。さすがトルコにおける最高学府だけのことはあると感心しないではいられない。やたら便所のことばかり取り上げているようだが、やはり旅行者にとって、入れることと出すことは、欠くことのできない重要な日課なのだから。

アンカラからはまた一人旅になった。私は黒海へ、村田さんはシリアへ向けて旅をすることになった。久し振りだ、一人になったのは。やはり不安の度合が以前にも増して大きい。どうも私の思い過ごしか、バスに乗り合わせた人々がいかにも抜け目なさそうな、ずる賢こそうな顔だ。どうもリラックスできない。向こう様とて同じ気持ちをいだいているかもしれないが、そこのところは、わかるはずもない。相対的に彼らの顔は、ゲジ眉で寄り眼で眼光が鋭く、毛深い上に口ヒゲをはやしている。馬賊的な感じだ。そうとしか言いようがない。女性らしき人々も見当たらない。従って色彩的にも貧しい。白黒か、せいぜいセピア色の世界か。

中に二、三無邪気な奴が見られる。どうもドイツ辺りからの出稼ぎ帰りの者らしい。自慢話をしているらしい。次から次へカバンの中からおみやげを取り出して周囲の連中に披露しているのがおかしく、またほほえましい。ニワトリを持ち込んでいる奴もいる。大事そうにかごに入れたまま、膝の上に抱え込んでいる様子が、これまたおかしく私の眼に映る。

私の隣に座った男は少しだけ英語が理解できた。トルコ人にしては珍しく人懐っこい。それがまた極端だから半分迷惑でもあった。ヌリ・コスキュネル、たしかそんな名前であった。彼は、私にはそうは思えないのだが、この国では金持ちの部類に入るのであろう。何やかや食べ物を提供してくれ、車窓からの風景についても説明を付けてくれるのであるが、よくは解らない。しかし、適当にわかったふりをする。

バスが食堂兼用の停留所へ止まると、私を誘って、腹一ぱいになるまで御馳走してくれるのである。私は先ほどから食べ続けており、もう三日分は食いだめておいたつもりだったが、しかし、彼の折角の好意に応えないわけには行かない雰囲気があった。

ヌリ氏は、別れ際にそっと私の手にお金をにぎらせて去って行った。彼の下りた村はいかにも貧しい村のように思えた。やっぱり私は悪人で、彼こそ善人だ。泊まり逃げをしたことが悔やまれた。こういった心の優しい人が私の行く先々で現れ、そして去っていった。

初めて見る黒海は、あいにくの雨降りであった。世界の海で泳ぐことを目標としている私は、できれば泳いでやろうと思っていただけに、いささかガッカリした。

トラブゾンは黒海沿岸の街だ。バスが着くと私は早速歩いて黒海の岸辺に立った。テトラポットが置かれてあり、白砂青松のロマンチックな砂浜は、視界の許す限りでは発見できなかった。遠い対岸の街ソチは、ソビエト連邦の有名な避暑地のはず。美しいロシア娘が白い肌を短い夏の太陽にさらしていることであろうに。

トルコという国（いや中近東全般的に言えることだが）では女性を見られず、触れず、感じられず、やはりそういったことでより淋しく、張り合いのない、ロマンのない旅とならざるを得なかった。

トルコではいろいろな商売を試みたのだが、トラブゾンのバス停でもまずまずの商談を成立をさせることに成功した。私は、かなりくたびれたセイコーの、金ばり日付入りの時計をはめていた。商談の相手のおっさんはそれに眼を付けたのだから、なかなかハイセンスだ。私はその時計に少しの未練もなかったので、渡りに船と、その商談にのった。私の言い値、すなわち五〇〇〇円程度にあたるトルコリラを得ることができた。その上、彼の実に良く使い込んだ汗臭いスイス製の時計が私の腕におさまった。彼も喜んでいたが、私もなにかひどく金持ちになったような気がした。そしてまた悪いことをしたような気持ちにもなった。彼のものとなった時計は、時々短針と長針がからまるようになることを言わないでいたのだ。私はまた彼に追われるのではないかと不安も手伝って、トラブゾンを早々に去ることにした。

聖なるアララト山

●旧約聖書の世界

黒海への旅の中では、一人の外国人旅行者と出会うこともなかった。私一人が旅行者であるかのように思われた。アジアハイウェーからはずれていたからであろう。このハイウェー沿いの街エルズルムには、ヨーロッパ・アメリカ諸国の若者が目についた。彼ら旅仲間を発見して、私は何か救われたような気持ちがした。この街は一九〇〇メートル程度の高原の上の、砂漠の中にポツンと存在しているのだ。ホテルの階段を掛け上がると、えらくシンドイ思いがした。やはりここは高度があるのだと、その時理解できた。

部屋の窓からは、あたりで一番高いのか、遠い荒野のはての山並みに夕日が沈んでいくところが見えた。街を一歩出るとそこは荒野であった。そしてなんだか聖書の世界が頭の中に浮かんでくるようであった。私は街のアウトラインを頭の中によく入れておいてから、明日は歩きまくってやろうと考えていた。

同室のドイツとフランスの若者は、アフガニスタン辺りから帰る途中であった。私は彼らより情報を得ることも忘れなかった。彼らは親切に、彼らの経験した西アジアの出来事と、色々なアドバイスをアジアの東の端っこから来た日本人に与えてくれた。

翌日、予定通り私はキリスト教の聖地エルサレム（Jerusalem）に発音の似たエルズルム（Erzurum）の街の散策を試みた。そこここに数人の暇人達が、いや余裕ある人々が椅子に掛けて談笑している。彼らは私を見ると「チーノ」と呼びかける。「ノーハポネ、ヤーパン」と大声で私が応えると、多分尊敬の眼差しであろうか、少し好意的な視線へと変わってくる。

「やはり本当か。あの日露戦争でトルコの宿敵大ロシア帝国を破った小国日本を彼らが尊敬する」という話は。ともかく彼らが、この一日本の若者になんらかの好意を示したことは事実だ。この街は端から端まで歩いてもしれていた。まるで西部の街のような、映画のセットのような、そこから先は全くの荒野がただ広がっている場所があるのだ。

私は、それを確認すると、やがてまた元の道を街の中心部へ引き返した。そして、レストランへ入った。少し豪勢に食事をしてやろうかと思った。何しろ時計を売った金がまだたくさん残っているのだから。しかし、どうもたいしたメニューはない。

焼いてはいるが味らしきものは感じられない羊の肉と、これまた味もそっけもないペッタンコのパン、そして水気のない野菜、オニオンとラディッシュとレタスだ。味付けはせいぜいガジガジの塩があるにすぎない。これで彼らの味覚は満足できているとなると、よほど彼らは高等なのだ。街の周囲の自然環境からすれば当然であろうし、これだけの野菜を作るのも大変なことであろう。本当にえらい所に人間という奴は住みすくものだと、改めて私は感心した。これだけ物質に恵まなければ、哲学とか宗教が進んでくるのは無理もなかろうというものだ。

荒野に忽然とそそり立つアララト山はいかにも神秘的だ。私は一応旧約聖書も読んで、ノアの箱舟が大洪水で流され、やがてこの山の頂きにひっかかったという物語は知っていた。そして、数人のヨーロッパ人と共に乗ったジープから見たアララトの姿は、私がかつて見たどの山よりも、その物語を生む素地を有しているかに思えた。

全くの荒野、その向こうに円錐形の山、しかも折り好く八合目付近を取りまくようにドーナツ状の白い笠雲、やがてその雲は私がしばらく眼をはなしているすきにその形をくずしてしまった。

私は、しばし、その姿に見とれ、アララトの姿を脳裏に焼き付ける試みを繰り返した。そして、やがてアララトは私の視界から遠ざかり、荒野のはてに消えていった。

ホテル・アミールカビール

●テヘランは四十八度

アミールカビール、これはテヘランの安ホテルの名前だ。村田さんから「テヘランではアミールカビールというホテルが安い」と聞いていた。バスはまた、真夜中にテヘランに着いた。客引きや、ポーターを申し出るもの、その他、訳のわからぬ連中が真夜中にもかかわらずお出迎えときている。全く御苦労なこった。この辺のオーソドックスなお出迎え風景である。

私は彼らとは一切かかわることなく、数人のヨーロッパの連中と共にアミールカビールを尋ねた。誰も場所などは判ってなどいない。しかも真っ暗なテヘランの街をよくぞ捜し歩いて、我々は目的のホテルに到着した。だが、そこには我々の泊まる部屋などない。いや我々だけではない、そこら中で寝ている奴らがいるのだ。夜も暑いのだから、むしろ屋外の方がその点は少し風があってよいのかもしれない。とりあえず、我々もホテルのテラスの上で一夜を明かすことになった。

荷物を枕に硬い二階のテラスの上で、しかも夜も暑いときては寝ようにも寝られない。腹も減るし、頭はさえ切って、あれこれと考えている内に夜は明けてしまった。太陽が出てしばらくするともうガンガン照りつけ、人がバタバタしはじめるともう眠ってなどいられない。

中庭に面したテラスの上では、薄焼きのパンと紅茶を売りはじめた。私はここ数日、下痢をしており、体力も気力もガタンと落ちていた。へたなものは口にできない、食べるとすぐ下すのだから。パンといっても少しも味が感じられない。いやいや口の中で噛みこなして、紅茶で胃袋の中に流し込んでいく作業を二、三回繰り返すと、もうそれ以上食べたいとは思わなくなるのである。私はこのとき、ちらりとうどんを食べたいと思った。汁をすすりながらつるつると食べる妄想を浮かべていた。この国で安くておいしいうどん屋などあろうはずもない。

この安ホテルは、中庭を取り囲むコンクリート造りの二階建てで、各部屋はテラスを通して中庭に面していた。中庭は宿泊者の食堂であり、交歓の場でもあった。私はそこで久し振りに日本人たちに会った。秋田から来たというその一行は、「シルクロード踏査隊」、ソビエトのタシケント経由でアフガンの中央砂漠地帯をジープで乗り切って、このテヘランへ到着したという。私の先ほどのうどんの妄想は、比較的新しいうどんの匂いをひっつけた日本人との出会いの前兆であったらしい。よほどひどい連中でない限り、日本人と出会うことはやはり嬉しい。

彼らは色々な情報を提供してくれ、最近日本から出発した人たちからは、よりホットなニュースを聞けるわけだ。私が外国で出会った日本人は大体において、正確に言えばイタリアで出会ったあの二人を除いて好もしい人達であったということは、大変ラッキーというほかない。

さて、その夜は久し振りにベッドの部屋にありつけたわけだ。三人部屋で、私の他の二人はイタリア人とユーゴスラビア人であった。このイタリア人はどうやら麻薬中毒者のようであった。ヒッピー風のスタイルから露出した顔と手は青白くむくんでおり、手の静脈部分には、注射の跡が黒くあざとなって点々とついていた。そして彼はわたくし達の前で白い粉を取り出し、スプーンに入れ、それを水に溶かし、ロウソクの火で焙ったその水溶液を注射するのである。その上、口からはハッシッシ入りのタバコをすいながら小さいレモンをかじる。そのタバコは私たちの方へも回される。つばでベトベトで、できることなら遠慮したいのであるが、どうもそうもいかない折角の彼の御好意だ。大変な部屋に入れられたものと諦める他ない。しかし翌日は幸か不幸か、その青白くむくんだイタリア人は警察へ引き取られていった。どうみてもそんなに永くは生きられないであろうが。

テヘランは本当に熱かった。居り場がないといった感じである。街の大通りには大きなプラタナスの並木があり、その間をどこから引いているのか水が流れており、その辺りが市民の唯一の救いの場であろうと思われた。私は一人あてもなくペルシャの都を何を見るでもなく歩いた。そして、バザールの一角のヨーロッパ的ともアメリカ的とも思われる喫茶店へ入った。冷房が効いていた。氷入りの水も用意されていた。私は科学文明の威力と魅力を感じないではいられなかった。そこは別世界が開けており、暑さからも貧しさからも解放された人々が優雅に憩っていた。

ペルシャの人々も一度この科学文明の洗礼をうけるや、おそらくその魅力のとりことなるであろうと思わずにはいわれなかった。そして、伝統的価値観か科学文明的価値観を選択するか、近い将来、決断をせまられる時があることを私は感じながら、アミールカビールへ帰っていった。

カスピ海の浜にて

●砂漠から緑地へ、そしてまた砂漠へ

春、この浜辺を訪れた人によれば一面、菜の花が咲き乱れて、こんなに美しい世界があるのかと思うほど美しく感激したとか。それを聞いて私は絶対行こうと思っていた。聞くところによれば今、その辺りはコレラが発生しているとかであったが、しかし、そんなことは言っておられなかった。私は灼熱地獄テヘランからカスピ海沿岸の街バボールサー行きのバスに乗った。テヘランから数時間の旅は例のごとくデザート地帯だ。エルブールス山脈が近づくと、風景は多少変化して谷間には樹木が茂って、豊かで清冽な水が流れていた。テヘランの水はこの山脈の雪どけ水であろう。

この辺りは果物も豊富なのか、バスが止まるや物売りの子供たちがぶどう・西洋なし、青くてすっぱい原始的姿のリンゴをカゴ一杯に入れて、バスの中まで売りにくる。私は、ためしにその原始的な姿のリンゴを一つだけ買ってかじってみた。腹は減っていたが、それをすべて食い尽くすには大変な忍耐を要する程すっぱかったのである。この辺りの農業技術は、数千年前ペルシャ文明が繁栄してい

たころよりも、それはそれでいいのだが、向上しているとは考えられない。

　子供たちは、顔も手足も着ている服も汚れてはいたが、眼は生々として輝いており、時にずる賢い感じさえするが、私は日本の子供たちより彼らに好感を持てた。私はいつも彼らにすまないと思った。彼らの期待に応じて何も買ってやれないほど私は貧しい旅行者であることを、彼らに理解させることができなかったからだ。

　エルブールス山脈の最高峰デマバンド山（五六七〇メートル）は山頂付近は残雪で白く輝いていた。テヘランの金持ちは、冬期はこの辺りでスキーを楽しむと、尊敬する小田実氏の「なんでも見てやろう」には書いてあった。私はエルブールスの峠を越えるころから、いつとはなしに気持ちよく眠っていた。気温が少しは下がったせいであろう。

　ふと気がつくと、バスはそれまでと一変して緑の水田地帯を走っていた。どことなく日本の農村地帯に帰ったようで、不思議な懐かしさを覚えた。民家も草ぶきの屋根のようで、エルブールス山脈の向こうとは全く違う世界が展開した。緑があるということは人間にとって、ことに私のような緑の中で生まれ育った人間にとっては、精神の安定を得る重要な条件の一つであろうと思わずにはいられなかった。

　私は、しばらく水田風景に見とれていた。日本との違いはほとんど発見できないが、やはりそこに生活する人々の風俗が違っている。相も変わらず黒のベールを頭からすっぽりと被った人たちが歩いている。これにはどうもいつも驚かされる。砂漠には映るベールだが、どうもこういったのが水田の中に現れるとしっくりといかない。しかし、ここもイスラムの世界なのだ。大体この旅行を通じて言えることは固定観念は通用しないのだ。森と湖の国カナダにも砂漠があり、砂漠の国イランにも緑の水田地帯が存在するのだから、一様にいえるものはこの世の中にないのだ。

バスは街らしき所へ来て、私以外四〜五人の乗客を残して下りてしまった。実は、そこが私の行き先バボールサーの街であった。バスはカスピ海の、とある小さな村（あのサンライズサンセットの歌で有名な「屋根の上のバイオリン弾き」の映画に出て来たロシアの村のような）はずれのポプラの並木の元で止まり、私以外の乗客は全員下車してしまった。運転手はそこでしばらく昼寝をするというのだ。

私は仕方なく下車してバボールサーの方へとぼとぼと歩いた。今は、夏、春ならば菜の花が咲き乱れているはずの沿岸の散策を味わいながらと言いたいのだが、空腹と暑さ、そして疲労感一杯の肉体を引きずっていたと言った方が正解だろう。

やがて私は海水浴場らしきところにやってきた。私はイラン人も海水浴を楽しむことをここで初めて知った。しかし、泳いでいるというよりも水辺でたわむれている感じだ。しかも水着姿は男性と子供だけで、さぞかし美しいであろうイラン人女性の水着姿はついぞ発見できなかった。カスピ海は遠目には青く、水辺は灰色の砂が混ざっていて泳ぐ条件としては決してよくなかった。

私はまず、泳ぐか泳がないかは、食事をしてから決めようと思った。いつもながら不規則な食事だ。私の体調はこのところずっと下痢気味できわめて悪かったが、その食堂らしきところでできるものといえば、ライスをバターで炒めたものの上に、羊の肉が三切れほど乗っているものだけであった。私はそれでもおいしいと思って食べた。とにかく食べれる時食べておく必要があった。

私は結局、あこがれの世界一の湖カスピ海では泳がず、両足を水に浸したにすぎなかったが、それでも目的を果たしたことにした。

バボールサーからは幸か不幸か、メシェッドの街まで帰るイラン人家族の車をヒッチハイクすることができた。既に暗くなっていたのによく乗せてくれたものだ。アメリカのフォード社のワゴンに、その家族七人とイラン人同乗者が二人と私の一〇人である。これほど窮屈な思いをしたこともない。我々ヒッチハイカーは運転者の横に三人つめ込まれたのだ。その上、この間約八〇〇キロメートルはカビール砂漠のひどいでこぼこ道と来ている。車は時速五〇キロメートル程度のスピードで走るのだが、もうもうと砂じんを舞い上げ、フロントに積もっていく。時々お父さん運転者氏は車を止めてフロントガラスを掃除していかなければどうにもならない。私たちはその度に車外にでてホッと一息つく。下りて歩いたほうがましなくらいだ。

砂漠ばかりではない。橋のない川を渡ることもある。そういった場所では車を止めて二人の男たちは水浴びをする。私はそんな気持ちにもなれないで、ただ彼らのやることをあきれ顔で見ていた。しかし、全般的には楽しい、本当にイラン人と密着した旅であった。

　夜は宿屋らしきところへやってきたが、私は一人、車の中に寝ることにした。イラン人でマイカーを持ち、家族でカスピ海へ避暑に出掛けることができる階級なのだから、彼らは確かに金持ちなのであろう。私がイランの金を使い果たしてしまって、食事代も払えないで困っていると、替わって代金を払ってくれたのである。もっとも、ヒッチハイクといっても車代は乗る時適当に支払わせてもらっていたのだが。他の二人のイラン人はおそらく同金額で乗っているものと思うのだが、そのへんは定かでない。が、とにかく彼らの好意を信じたい。顔一面アバタ面のお父さん運転手は本当に誠実そうな方であった。

アレキサンダーの街へラート　●トイレでは左手で

砂漠の街、薄茶色の街、そしてかつてのアレキサンドリア、ヘラート。街並みも道路も人の顔もセピア色の世界、アメリカ西部の町を思い浮かべるとそれにやや近い感じだが、登場人物が違う。カーボーイハッとにGパン姿ではない。汚れているが白いターバンにハーレムパンツ、そして灰色の長いチャンチャンコ姿。私はといえばTシャツにGパンだからアメリカの西部人に近い。物ごとの考え方もアメリカナイズされている。しかし、ここにもアメリカ文明はコーラなる飲み物を持ち込んでいる。いずれ、地球上のいかなる領域にもこの文明は確実に浸透していくに違いない。気候・風土的にはアメリカもアフガンも乾燥して、よく似た部分があるが、宗教の部分が全く違っており、文明が伝わりにくくされているのである。このイスラム教はとにかく現代文明とは相性が悪いのである。だからこそ、私のような者にとってこの地域を旅する意義があるというものだ。

町行く人々をみると、本当にアラビアンナイトの世界だ。穀物をいれた袋を肩にかついだ人が行く。馬車が砂ぼこりを立てて行く。おそらくその姿は紀元前のアレキサンダー大王の時代とも大きな変化はないに違いあるまい。人が時代を経る度に、物質的に、精神的により充実した現実を手にいれるというような思いは妄想であるに過ぎない。私はイタリア、ギリシャ、トルコ等々の国々では、いくつかの博物館を訪れ、数千年前の人々の生活・細工・絵画・彫刻・民家・劇場を見た。そして、現代人はそれらのどの分野において、その時代の人々にまさるのかどうかという疑問をいだき続けている。

ヘラートの町で、私が泊まったホテルは、水もなく、夜になると電灯もついていないので暗闇の世界になった。街にはそれでも裸電球を灯して毛皮・穀物・食べ物屋等が商っていた。私は首からつるすパスポートとドル入れが以前より欲しいと思っていた。それをこの街で手に入れようと思った。貴重品は首からつるしておくのが一番安全であるし、この二つさえあれば、他の何を無くそうとも旅は続けられそうだから。

私はできるだけ手持ちの金を減らさず、できるだけ多くの国々を訪れたいと思っていたので、日本からずっと持ち歩いていたハーモニカと交換しようと思った。私の取り引きの相手は幸いにも、その日本製の小さな楽器にとても興味を示し、自分でもでたらめな演奏を試みた。しかし商談となるとなかなか渋い。私は他にもその店で西部の勇者・デービークロケットのかぶっていたような、キツネであろう毛皮の帽子とシッポを所望した。思っていたより簡単に私たちの商談はまとまり、双方共に欲しいものを手に入れたのだが、明らかに私の負けであると考えてよかろうかと思う。

このアジアハイウェー沿いの国々では、とにかく何を手に入れるにしても商談だから、ある程度は慣れるというものだが、面倒くさくなる場合が多い。そういった時は結局、自分の負けだから高いものを買うことになる。何事も根気が必要ということになるのだが、この辺りの人々は時間に関して非常に寛大とも悠長とも言える。私は彼らから見ると実にセカセカした、時間に囚われた人々の住む国から来た代表的人間なのだ。

ホテルの部屋に帰ると、同部屋のフランス人たちがどこで借りてきたのか、ランプの灯のもとで遅い夕食をとっていた。部屋には古びたジュータンがしかれている他は何もない。私は手に入れたものを彼らに披露して、静かに部屋の片隅に腰を下した。まず彼らは安心のできる道連れであり、私はゆっくりと休むことができた。

ヘラートから、アフガニスタンの首都カブールへ至る丁度中間辺りに、カンダハルの町がある。ヘラートから約五〇〇キロメートル、時間にして一三〜四時間は、私が通ったアジアハイウェーの中でも一番砂漠らしい部分であった。砂漠らしいといえば、風紋の入った砂丘が延々と続くといった光景を普通の人は思い浮かべるであろうが、そして私自身もそういった砂漠をラクダに乗って旅したいと思ってもみたのだが、しかしバスに乗って旅するだけでもこれほど疲れるのに、わざわざラクダで、おそらくバスよりもはるかに疲れるであろう旅などできたものではない。

この地帯における砂漠らしさとは何かといえば、砂嵐、そしてそれに伴う熱風である。これには本当にアジアのモンスーン地帯で生まれた者にとって耐え難い、恐ろしいほどの乾きを覚えた。その一帯は全空に黄色の砂塵を舞い上げ、太陽は薄くぼんやりした赤い点のように見えた。バスが行く道路の一〇メートル先が見にくいようであったが、実に運転手は慣れた様子であった。

バスの中には息苦しいほどの熱気が漂っていたが、しかし、どれほど乾いているかわからない。熱いのだから汗は体内より出ているのはわかるのだが、外気に触れるや否や蒸発してしまっているらしい。これはあくまで推測でしかない。皮膚の表面の辺りがチカチカとする。唇がカサカサに乾き、のどが渇く。こんなに大げさなのは私だけであろう。そしてバスの中には私以外全員が砂漠の民である彼らにとって、この程度のことは日常のできごとでしかない。

その乾きの中で彼らはコーランのお教えをあげる。まるで日本の民謡を歌う調子だ。ノド自慢が一人歌い出すと遠々二〇分間ぐらい続き、そして、やがてバトンタッチして次のノド自慢が歌い始めて止むことがない。それがハタと止んだ時、私以外の全員がバスの外に出て、地面に頭をペコペコやる例のナマーズが始まる。宗教心のない者には、本当に彼らは信じるものの為、時間も労力も厭わずよくやると、心より敬服せざるを得なかった。

私は、バスの中からじっとその様子を見つめた。彼らは黄色い空気の中でメッカの方向に向かって、白いしかし汚れたコスチュームの人々が集団で、声も出さず黙々と神へのシグナルを送っている姿は、まるで夢の中の出来事としか思われなかった。本当に彼らは信じているのだ神様を！

カイバー峠からガンダーラへ　●ワイロはやるべきか

この辺りの人々は、一生風呂へ入らない者が多いようだ。もっとも風呂なるものの概念が、私たちのものと全く違っていることも確かだ。よくバスが止まると、小川のほとりで顔とか手足を洗うことはよくやっている。その同じところでトイレもすませている。その程度でよいのかもしれない。

私もここ数カ月風呂には入っていなかったのだが、別に匂ってはいないと思うし、バスの中でいっしょに乗り合わせた人々も嫌な匂いがついているとも思われない。乾燥した気候はその点便利なこともあるようだ。アラビアの砂漠に住んでいるベッドウィン族は、砂でトイレの始末をするようである。それで事は足るのだから、何も知らないよそ者がとやかく言うすじあいのものでもあるまい。

アフガニスタンの都カブールでは少しぜいたくして、一流ホテルの一番安い部屋に泊まることになった。日本円で数十円だが、やはり少々上等のジュータンが敷かれており、例によってヨーロッパの若者が五〜六人、相部屋になった。それでもやはり一流ともなれば、レストランがあり、そこではミュージックバンドが騒々しく演奏している。レストランのメニューも豊富であり、この辺りの国々の代表的料理がなんでもあった。

私はパキスタン料理を注文した。これが大変うまいのであるが、また飛び切り胡椒がよくきいている肉ダンゴの油揚げのようなものだった。一口かじるや口の中が爆発したかのような強烈さだった。普通であればもうこれ以上この肉ダンゴを胃袋へ押し込めるのは諦めるのであるが、私は飢えていたのである。耳のそばでは、バンドがガンガンやっており、口と胃袋はもえており、それでも悪戦苦闘して食べてしまうことに成功したのである。しかし、その努力も虚しく数時間後には下の方から例のごとく早々に出してしまわなければならなかった。

このホテルには、インドから出張して来たドル買い商人も泊まっていた。そして、彼らはヨーロッパ方面からの旅行者を待ち受けて、手あたりしだい買い漁るわけである。私は手持ちの金の利殖相談には気軽に応じるのだが、しかしインド政府は、インドルピーの持ち込み、持ち出しは厳に禁じている。国境あたりで徹底的に取り調べを受けると私の旅も一巻の終わりになる心配があるのだが、公定ルートの倍という魅力には勝てっこなかった。

彼らは、このドルをもち帰って、インドのすこぶる金持ちのところへ行き、我々から得たドルを更に数倍に高く売りつけるのであるから、これほど効率のよい商売もなかろう。地続きであると本当に気安く隣の国へ出掛け、こういった冒険的商売が成立する。アウトローでなければこういった商売には携わるまいが、私ならやれそうだと思った。何しろ旅行しておれば、それだけで金になるのだったら、これほど楽ちんはない。

カブールでは、私はそれまでの緊張がほぐれて、やや観光客的気分になっていた。世界一周の旅行からいえば既に帰路についていることは確かだ。私は北米でもヨーロッパでもお土産など買った覚えはなかった。そちらへ回す金などなかったし、また何も買いたいとも思わなかったのだが、日本までどうやら帰着できそうだという目安がついた今、私はついに余分な買物をしてしまった。アフガンのシャツと、小さな粘土製の原始的ランプだ。インドルピーは手に入れたし、ドルもまだ残っている。その上でローマで買っておいたカルカッタからの航空チケットも持っている。しかし、体力が非常におちており、ネパール行きもセイロン行きもあきらめようと思うようになっていた。そうなれば、贅沢な旅ができるという安易な思いに取りつかれた。

カブール川の端のバスステーションの辺りで私は、東京から来たという日本とフランス女性の二人組の、東京―パリ間の自動車旅行中というのに出会った。日産のクルマで案外気楽な旅ができているようであった。インドから上陸して日産関係の関連会社を訪問しながら旅しておれば、少しも苦労することもなく、いや苦労どころか方々で大歓迎を受けながら旅ができるのであるから、何とも羨ましい話だ。

私は、その華麗なる東方からの旅行者たちと別れて、また一人東方へ向かうバスに乗り込んだ。アレキサンダーの遠征当時から知られているカイバー峠へ、私の心は期待感でうきうきしていた。何を期待するのかと聞かれても、これといって明解なる解答はできないのであるが、何か未だかつて触れたり、見たり、聞いたりしたことのない存在に出会うことに対する期待であるとしか言いようがない。

しかし、どうもこの峠も私に大きな感動を呼ぶような存在はなかった。草木もない岩石、しかもその岩石が鉄のようなアメ色で、恐ろしく硬い感じであり、その地表に焼け付くような太陽が照り付けていて、人間の生活を許さないかのようであった。それでも、屋台か、てき屋の露天の店といったような家屋があり、人々もウロウロしていた。そして当然この峠は天然の要害であり、戦略上の重要なポイントである。薬莢を肩から斜めにかけ、ライフル銃を持った兵士がいかにも険し眼光で、我々の方を見つめていた。国境は近かった。いよいよパキスタンだ。

カイバーを越えて最初の町ペシャワル、そこはあのガンダーラ。ギリシャ文明と仏教との出会いが、ヘレニズム文化を産んだところだ。私の心は期待感で再び満ちていた。しかし、外は相変わらず荒野だったが、多少緑が現れはじめた。そして、やがてその緑の中に白い牛が草を食む姿が見られるようになり、その後その光景はインドのカルカッタまで私の行く先々に現れた。白い牛はヒンズー教のインドでは神の使者であろうが、イスラム教のパキスタンでは単なる動物に過ぎない。そんなことがこの辺りでのいさかいの原因に他ならない。

ペシャワルの街は騒然としていた。街は人があふれ、車という車には乗れるだけの人々が乗り込み、クラクションを鳴らしっぱなしだ。また、ここのトラックは車体中、描けるところは全てサイケデリックというか、南方的といおうか（こういった類は、フィリピンのジプニーとか、インドネシア・タイのバティックのどぎつさ、そして日本でもトラック野郎といったところだ）血の気の多い装飾で埋まっていた。まるで天地をひっくり返したような大騒ぎだ。何がこのペシャワルの町に起こったのか私には理解できないでいたが、どうやら独立記念日か何か国民を上げてお祝いしている様子であった。

世界をのこのこ歩いて回っていると、ときどきこういった賑やかな催しにでくわすものだ。アメリカは、ロサンゼルスでは桜祭り、ニューヨークのブロードウェーでは反戦集会、イタリアのシエナの町が一番だった人々は、十数世紀のコスチュームでのパレードと印象に残る。

しかし、ここのお祭り騒ぎは異常だが、一人旅の私には淋しさを吹き飛ばしてくれているようで歓迎できる。街に女性の顔も見えるようになったし、アフガンよりは豊かな国のような気がする。より現代に近づいた感じは自動車が多いせいかもしれない。

私は大集会が開かれている広場に面した安ホテルに泊まることにした。部屋は薄暗く陰気な感じがした。ベッドが中央にあって、大きな扇風機が天井で回るようになっている。その片隅にグリーンのやもりが一匹潜んでいるのが見える。暑いのである。扇風機がなければとうてい我慢などしてはおられない。幸いにもホテルには水浴び場があり、そこで私は砂漠地帯でかぶった砂ぼこりをとりあえず流した。

夕闇の中でも騒々しさは相変わらず続いた。一人の偉いさんらしき人が演台の上で演説をぶっていた。私は人ごみをかき分け、その偉いさんの顔がよく分かる所まで来た。ラーマン首相であるとの確信は得られなかったが、当人かそれに匹敵する偉いさんに違いなかった。ほとんど暗闇であったが、私の顔が外人であることは分かるらしく、好奇な眼ざしで私を見つめた。どうやら話の内容はそれ程面白くないことは確かだ。誰もあまり聴いている様子でもなさそうだ。

その時のパキスタンは政情が次第に不安定となり、翌年には東パキスタンはバングラディッシュと国名を改め独立を宣言した。この地域はとにかく政情が安定してない方が多いところなのであるが、私はその間隙を縫ってうまく通り抜けた感じである。元来、私はこのアジアハイウェーを使う予定はなかった。マルセイユ辺りからケープタウン経由でと思っていたのだが、日本郵船がなくなったとか。その次にはスエズ通過を考えついたのだが、スエズ閉鎖でこれも廃案となり、結局この道路がクローズアップしたわけであった。結局、自分の選んだ道が私にとって最良の策であったように思われる。

かつてのガンダーラの面影など微塵もないといってよいほど、イスラムは仏教の遺跡を破壊して今日に至っていた。あこがれのガンダーラはそこにはなかった。しかしガンダーラはガンダーラである。顔や鼻のない仏像が処々に見られた。

インドは汽車に乗って ●雨、雨、雨

トルコから一万キロメートル、東に向かって一日三〇〇キロメートル進んで一カ月程度すればインドにぶちあたる。どんなにバカな奴でもこれほど目標がどでかいのだから、しかも、この辺の北の国境の向こうの国はソビエト連邦となっており、まず進めない。南は砂漠か海だから、その間を東にむかえばことは足りるのだ。

私は日程などなく、まさに神の思し召すまま歩んだつもりだが、少し早過ぎたかなと思うほどインドへ早く着いてしまった。そうなると、なんだか残念な気がしないでもなかったが、何とも複雑な気持ちだった。概ねにおいて私はインドへ着いたことは飛び上がりたいほどの喜びであり、ほっとした気持ちだ。インドルピーはアフガンで十分にストックしていたし、カルカッタまで行けば飛行機のチケットがあるという安心感があった。だからインドを、この偉大なるインド共和国をおおいに見てやろう、存分に見てやろうとはりきったわけだ。金の余裕が心の余裕へか？

私はインドへは西の端から入場したのだが、カルカッタは、東の端になる。この間が、大体三千キロメートルぐらいだろうか。そしてその間の変化は大きい。砂漠から湿地帯までの大移動だ。しかもそんなに距離をこなしてもインドのほんの一部分を見るにすぎない。この国ときたら気の遠くなるほどの歴史の積み重ねが複雑に絡み合い、その上、数千にのぼる人種がうごめき、絡み合い生きている。人間が歴史上で創り得たすべてのサンプルがすぐに用意できる国だ。

私はとりあえずこの国の御自慢の国鉄を使って、東へ向かうことにした。そして、その沿線にある主要なる場所を訪ねることにした。三等の列車は乗り心地は良くなかったが、これが一番安いとなると、乗り心地など言ってはおられない。インドの人々の生活が良くわかって良いというものだ。座席はクッションなしの板敷きだけで四人掛けである。夜になると頭の上に棚ができ、その上に一人眠ることができる仕掛けである。客が乗り込むと乗務員が殺虫剤をまくこともあるから、よからぬ虫が出ることも確かである。虫も私をさけたのか、幸いにして私はそういった災難に会ったことがない。

この列車には他に盗難という災難がある。何しろこの列車には無賃乗車の方々が通路に寝そべっているのだ。インドの相互扶助の精神であろう。乗務員は彼らに対して見て見ぬふりをしていようだ。そういった方々の中に時々盗癖がある者がいらっしゃるようで、下車の際、人の荷物もついでに下げていくようなこともあるというわけだ。こっちの災難にも会ったためしが私にはなかった。私の身なりは彼らと少しも変わらないか、彼らよりもむしろレベルが低いほどであったし、カナダからひっさげて来たズダ袋は変色して、いかにも惨めな感じであったことが幸いであった。

列車の窓にはなぜか鉄格子がはまっていた。夜になると、その窓から無数に飛びかうホタルが見えた。農薬などあまり使うこともないのだろうし、そう、反当たり収穫を増やすことや、よい作物を作ることもあまり考えることもしないのだろう。我々ならこうすればよいと思われることは幾らでもでも見つけられるだろうが、無駄なことなのでしょう。インドに生きざるものの浅知恵でしかないのだろう。とにかくよく考えごとをさせてくれる国だ。

ニューデリーは赤っぽい土の上に白っぽい建物と緑の並木が並んでおり、YMCAの五階にある私の部屋から見ると樹木の中のどこかヨーロッパの街のようであった。そして、その樹々にはリスとか猿が群れ遊び、動物は可愛がられている様子だ。路上には様々な人間が、動物が生活を営んでいるのである。動物も人間も一体となってピースフルな雰囲気といえばいえる。

インドにはなんでもある。YMCAもインドにはあった。私としてはかなりぜいたくだったが、それだけの値うちがあると思って泊まることにした。第一に私の大好きな本場のカレーを清潔な環境の食べることができた。ギリシャ以来、やっと食べ物らしい食べ物を口にすることができたといっても言い過ぎではない。私はカレーこそ人類が作り得た食べ物の中では最高傑作と思っている。やはりインド人は偉大だ。

ニューデリーではタクシーも使った。長旅で金具がはずれかかったサンダルも、路上の職人に直させた。このアメリカナイズされた空間は、いわば私にとってのオアシス的存在だ。私は必死でこの空間にたどり着きながら、しばらく休んではまた旅をしている。そういった感じだ。そしてこの空間から周囲を見るときはかなり心に余裕が持てる。

こういった余裕をもって旅をすれば、はるかに意義ある旅ができるのではないかとも思ってみたが、所詮私なりの旅しかできないのだ。私は少しぜいたく病にとりつかれたようだ。かといって恐らくあるであろう美術館とか博物館、その他歴史的モニュメント・プレイス、そういった場所を訪ねてみようとも、美しい自然にふれようとも思わなくなっていた。ただ、人々の生きざまは、見ようでもなく見えた。それ以上、私は望むでもなかった。インドの人々の生きざまと同様、私の旅も「神の思し召すまま」にあるのだ。

ベナレスでも私はぜいたくにも輪タクを一日雇った。お金にするとせいぜい一五〇円程度だったが、この行動様式が身に付いてしまうことが恐ろしいのである。行き先はガンジス河、聖なるや、母なるやガンジス河であった。人々はやすらかなる死を迎えんがために、インドの至る所からこの地をめざして歩く。たとえ金がなくても、足がなくても。私の座席の下に無賃乗車していた人々もこの地へ巡礼していたのかも知れなかった。お金がない者もなんとか、いや胸を張って生きられるのは偉大な社会である証拠だ。

現代文明社会で頭が半狂いになったアメリカ・ヨーロッパ社会の若者が、心の洗濯にやってくるのもうなずける。もっとも彼らはフリーセックスの宗教に入信するために来るのかもしれないが。インドという所にはやりたいだけやらす宗教もあるそうだが、私はどうやら、そういった有難い宗教にぶちあたらなかった。ぶちあたっていれば当然入信していたにちがいないが、どうも私の歩む道すじには、そういったものがちっとも現れないのが不思議なほどだ。とまあ書いておこう。

輪タクのおっさんは、私と同じ二二歳だと言うのだが、五人の子供がいて、私よりははるかにふけて見えた。細い体の全体重をかけて自転車を踏む。そのテクニックはすごい。昼になっても彼は食事もしないでいる。私はコーラとバナナを買って彼に与えた。そして別れる時、あのアメリカの若者スチュワートノートンにもらった綿シャツを私は彼に贈った。私は彼がもっと喜ぶであろうと思っていたが、いやそうすることを実は期待していたのだが、彼の表情から喜びとか感謝の気持ちなるものは読みとれなかった。恐らく、私には理解できないインド哲学を彼は身につけているのであろうと思う。物質所有欲に犯された頭で幾ら考えても無駄であろう。ガンジスの泥水を飲むことさえできない者には何も理解できない。

ガンジスのデルダに発達した大都会カルカッタはレイン・シーズンの最中で、泥々であった。雨がザーザー降り、しばらく止んだかと思うとまた降りだす。人も牛も何もかもぬれねずみのようだ。まさにぬれねずみだ。着ているものが元々は白だったのだろうが、それを何年も着つづけているものであるから、ねずみ色になっているのだろう。

それにしても陰うつな気候だ。ここは南国の明るさなどないようだ。しかも暑い。蒸し蒸しするいやな暑さだ。私の身体中カビが生えそうな気がする。私も大変であったが、露上生活者たちはもっと大変だろう。私が見た世界で一番忍耐力のある人々は彼らであろうと思う。牛よりも厳しい生き方をしている。一方で美しいサリーを身にまとった貴婦人が通る。私はヤシの水を飲みながら、その両者を一度に視界の中に収めた。今の私の身なりから言えば露上生活者サイドであろうが、これは一時的気まぐれであろうし、結局、私もサリー世界の部類に属しているようだ。

日航カルカッタ支店の女性はシンディー族の美しい娘さんだ。サリーからこぼれる白い肌がとてもセクシーだ。私はそこでタイ行き飛行便のリコンファームをした。爽快な気持ちだった。カルカッタにはなんとラーメンもあった。私は日本が近くなったように感じた。

北緯一〇度バンコク　●トロピカル・ドリーム

ユーラシア上陸二万キロメートル（水上も含む）の旅をやりとげたという八割方満足の気持ちで、私はカルカッタからタイのバンコクへ向かう機上の人となった。アメリカ大陸横断ヒッチハイク、そしてロンドンからヨーロッパを縦断し、トルコはイスタンブールからインドのカルカッタまで、砂漠から湿地まで、まあよくやったものだと思わずにはいられなかった。カナダの太平洋岸の町バンクーバーを出発したのが六月、今まだ八月、私は非常に短時間の内にやりすぎたことを少し後悔していたが、今となってはどうにもならない。以後、日本までの旅を存分に楽しもうと思った。

タイ航空のスチュワーデスはそれほど美しいとは思わなかったが、私が久し振りに会話をかわした女性であった。それまでの疲れがすーっととれていくほど飛行機の中は快適であった。私は一杯のビールを飲んだ。それは私の内蔵に快く浸みわたった。「やはり大名旅行がいい」とそう思った。これまでのこじき旅行は夢の世界、そして現実には単なる経験としてだけ私の心の中に吸収されてしまった。そしてこうしていることが私にとって当然のように思われてきた。

実質的に大変な部分を通過して、私は緊張感が解きほぐれ、やや虚脱状態になっていた。しかし、それも束の間、タイのバンコクでは私は招かざる客として、空港係官は非常に不愉快な態度で対応した。手短かに言えば、私のように見るからに不潔そうで、いや不潔そのもので、ロングヘアーのヒッピーは入国してもらいたくないのである。無理もない。なにしろこの発展途上国は神聖なる大乗仏教国、青少年健全育成国であって、変な風俗を持ち込まれたくないのである。私は一ぺんに目覚めてしまっていた。まさかここからすぐ他の国へ行くわけにも行かないし、私はじっと耐え、彼があきらめて入国を許可することをひたすら待った。数時間私は待つことによってしぶしぶ、ほんの三日間の滞在を許可され、夕暮れの街へ無罪放免されることになった。

時すでにネオン輝くころ、私は日本のどこかの町の遊楽街のような所を歩いていた。どこを歩いているか私には皆目見当がつかないのであるが、ここは東南アジア、しかも神聖なる仏の国と思って私は安心しきっていた。どこへいってもどうにかなるという自信もあった。何しろ、あの色の黒い形相のいかめしいアーリアンの国から私の顔と同じような顔の、のっぺりしたモンゴロイドの国へ来たのだ。半分故郷へ帰ったような気安さであった。しかし、ここでも私は夜目遠目にも「よそもの」とわかるらしく、やたらと客引きが付きまとうのである。

私はいつしか誘惑に負けてしまっていた。まだ使っても良い金が実に六〇ドルも残っていた。私はうかつにもその金をGパンのポケットに入れて歩いていた。そして、誘惑されるままに一軒のミュージックバーに入っていった。化粧の濃い女性が両サイドに腰かけ、やたらと注文する。私にことわらずだ。やり方も日本と変わらない生バンドがジャンジャン演奏しており、それに合わせて踊っている。私は、サンミゲールのビールを飲むと早々に退散した。金の方が心配になったのだ。思ったより安く一〇ドルだけですんだ。私はほっとしながら宿を捜して歩いた。

やっと見つけた安宿はタイ人たちのよく使う、おそらくタイ国風のアバラ屋だ。ベッドの上にカヤがつってあるのだが、その中には蚊がいっぱい入っていた。私はとりあえず、部屋の外にある水浴場で汗を流した。いろんな所に竹が使われており、それがタイらしさを私に感じさせた。部屋に帰ると私はベッドの上に腰掛け、ズタ袋をとってその中のお金を確認したのだが、どこにもなかった。知らぬまに私はほとんど無一文になってしまっていたのだ。冷や汗がどっと流れた。

しかし、気を取り直してズダ袋とかあらゆる持ち物を引っくり返して調べた。カメラもシャッターがおりなくなってしまっていた。日本円五〇〇円、ドル五ドル、タイの金少しがあった。私は、ここからホンコン—日本と帰る間に必要であろう金の計算をしてみた。そして、何とかなることを確認し、一応安心した。ここからが実力の見せどころだ。あとは飛行機をうまく乗り継げば何とかなりそうだった。すべてをあきらめ、ぐっすりと眠った。

翌朝、強烈な南国の日射しの中を、航空会社のオフィスを捜して歩いた。以外と近い所に目的のオフィスはあった。昨夜のことがうそのようであり、香港行きはスムーズに手続きできた。しかも、夜は、航空会社の世話で一流ホテルに泊まれることになった。さあ、そうなると益々失った五〇ドルが悔やまれてならなかった。今は、そうどこを見て回りたいとも思わなかったが、去るとなるとやはり、後ろ髪をひかれる思いがした。

ホンコンの豪華ホテルにて

●バスターブ一パイのアカ

ホンコン入国の手続きを終えると、私は航空会社の取り計らいで、空港玄関に待つマイクロバスに乗り込んだ。バスの運転手は怪訝な顔をして私を見詰めた。無理もない、私の身なりからすれば、このバスに乗るにはまったく相応しくないことはわかる。このバスの行き先きは、ホンコンの一〇〇万ドルの夜景が一望のもとに眺められる、丘の上の白いホテルだった。

私はインドの路上で夢見た華麗なる大名旅行を今まさに実行しているのだった。しかし、どうも実力が伴わず心もとない気がした。第一、チップを求められたらどうしようかと、それぱかり気になるのだ。その心配は大変な取り越し苦労であることはあきらかであった。荷物もズダ袋一つ、なによりもボーイが私を一目見ただけで、こいつからはチップなど取れないとあきらめた表情だ。バンコクの空港税を支払い、ホンコンでも払うと、私はチップに使う金はなかった。しかし、ホテルの部屋に入ってホッとするまで気が気ではなかった。私はカナダを出発して以来、三カ月ぶりにバスに入って垢を入念に落とした。その垢を水面に浮かべたら約一ミリの厚さで全域に積もるであろうほどの量であった。バスから出ると私は何か身軽になり、色も白くなったような気がした。夕食は夜景を見ながら戸外のテラスの上で食べた。私は雰囲気の素晴らしさについ我をもかえりみず、ワインを注文してしまった。夜景が眼下に美しく広がっていた。私のテーブルにはローソクの灯りがほのかに灯っている。何かしら淋しいディナーではあった。

クリーブランド号でのこと、ロサンゼルスでのこと、スチュワートのことが浮かんでは消え、思いは過去の世界をさまよい、ローソクの灯が、ホンコンの一〇〇万ドルの夜景が悲しさでゆがんだ。私はそっとナプキンであふれ出た涙を拭った。何を勘違いしたのかボーイがやってきて、「エニイ　アザーオーダー」と注文を聞く。私は慌てて「ノー　ノーサンクス」「アイム　ジャスト　フィニッシュ」。そう、私にとって食事も世界一周も終わったのだ。

グラスに残ったワインを一息に飲み干した。

ゴールインOSAKA　●残金五〇〇円

世界旅行最後の日、私は全くセンチメンタルになっていた。お金のことではない。勿論、高いワインを注文したお陰でとうとう私は日本円五〇〇円をポケットに残すだけとなっていた。そんなことはどうにかなる。私がセンチメンタルになっている原因はそんな生易しいことなどではない。過去に対する後悔と未来に対する不安と、やたらあれこれ考え込んでしまった。

結局、私が訪れた国は二一カ国に過ぎなかった。この点も私の尊敬する作家よりも少なかったのが気に入らなかった。冒険そのものは私の方がかなりハードなコースであったろう。

いずれにしろ私は私の描いたオリジナルのシナリオに基づいて、独力で世界一周をやることに成功した。

私の乗ったジェット機は、予定通り夜の灯につつまれた大阪空港に到着した。四四六日間を経過していた。旅の終わりにしては、実にあっけない幕切れだった。

世界旅行後日談　プリンセスに差し上げた折鶴

一九六九年六月、私は世界一周ヒッチハイクの旅に出た。まずは横浜からクリーブランド号という豪華客船に乗ってサンフランシスコまで行きました。片道キップに少しのお金。ロサンゼルスで皿洗いとボーイ。カナダのバンクーバーではガーディナー仕事をして一〇〇〇ドル（当時三六万円）貯えました。カナダそして再びアメリカと五〇〇〇キロを一〇日間程度でアメリカ大陸をヒッチハイク踏破してしまいました。生まれてはじめて飛行機に乗ってニューヨークからロンドンへ。そこからヨーロッパの旅をはじめた。

日本をたって一年余り、イタリアはミラノの郊外をよれよれのTシャツにすり切れたジーンズ、色あせたズタ袋を背負った私が歩いていた。夕方ヴェネチアに行く道を尋ねにガソリンスタンドに立ち寄った。たまたまそこに給油に来ていた三〇歳位のハンサムな男性が案内をかってでた。私は当然のごとく彼の車に乗った。流暢な英語、モスグリーンのスポーツカータイプのアロハロメオ。何百と乗り継いだ車と人。しかし、こと彼に至ってははかる尺度を思い浮かばなかった。車はローヌ河流域の小麦畑の中を猛烈なスピードで走った。やがて、古めかしいレンガづくりの城壁の中に入った。鬱蒼とした木立、艶やかな石畳、点々と置かれた彫像、ジュリエットでもいそうなバルコニーの館。車はやがて、おおきな城門の中に入った。ご家族は美しい笑顔でプリンスと乞食のような、いやそれ以上に酷い身なりをしたヒッチハイカーを迎えた。プリンセスたちのその美しい笑顔は美しいままで、くもることもなく自然であった。

実はこのグラッツァーノという城館、一四世紀フランス王シャルル六世の弟オルレアン侯爵とミラノ公国王女が婚姻の際建てられたものでした。私がヒッチハイクしたのは現当主ブラナボ・ヴィスコンティ・デ・モドローネ公爵すなわちグラッツァーノ、ヴィスコンティ公爵であった。有名な映画監督ルキノ・ヴィスコンティ公爵は彼の叔父であった。一六世紀あのレオナルドダヴィンチはこの家にお世話になり「最後の晩餐」を描いたのであった。

さて、晩餐といえば勿論フルコースです。私は公爵の隣、テーブルを挟んだ向こうには美しいプリンセスと子供たち。私の身なりはそのまま、着替えはありません。優しい本当に優しい公爵家のみなさまは私にあわせてくれました何事も。晩餐はフルコースではありましたが、目玉焼きがメインディッシュでした。いや、本当なんです。これも私にあわせてくださったのかもしれませんが。彼らはけして贅沢はしません。普段はあくまで慎ましく、おのれに厳しく生きられていることは確かです。グルメとはどんなものでも美味しくいただける人のこと。公爵家のみなさまも私も美味しく、作ってくださった方に感謝しつつその晩餐を終えました。

　翌朝、公爵家のプリンセスとお別れの時、せめてものお礼と思い、そこにあった紙ナプキンで一羽の鶴を折って差し上げました。プリンセスは例えようもない可愛らしい笑顔で御礼を述べられました。一六年後、プリンスたちの写真も入った「わが青春の四四六日間世界一周」という本を書いて贈りました。プリンスからの御礼の手紙の中に「娘は二児の母になったがあなたが折った鶴のこと今も覚えています」とかかれていました。旅でも、人生においても、どんなに美しい景色より、どんなに美味しい食事より一人の人との出会いほど素晴らしいものはないと思います。そして、いい出会いは、まず、あなたがその出会いをいいものにしたてる気持ちを持つことだと思います。

Milano, December 21st,1987

Dear Mr. Miyake,

I received your kind Xmas card with a great pleasure and I express you my congratulations for your book.

I reciprocate you my best wishes for a Merry Xmas and a Happy New Year and I remain,

Yours sincerely,

Barnabo' Visconti di Modrone

グラッツァーノ公爵からの手紙(1)

BARNABO' VISCONTI DI MODRONE
Via Passione 9
20122 MILANO

Milano, January 25, 1988

Dear Mr. Miyake,

I received with a great pleasure your book for which I congratulate you and I thank you very much for having published the photo of my wife and myself in Grazzano. Your attention honoured us and in the meantime I remain,

Yours sincerely,

Barnabo' Visconti di Modrone

Mr.
MASAAKI MIYAKE
1004 KATAOKA
NAGASAKI KOJIMA
OKAYAMA JAPAN

P.S. My daughter, now mother of two children and my son still remember your 'origami'

グラッツァーノ公爵からの手紙(2)

《参考資料》

私の世界一周全距離数　45,580km

Ⅰ 太　平　洋（船　横浜ーホノルルーサンフランシスコ）11,000km
Ⅱ 北アメリカ（ヒッチハイク　6,000km　バンクーバーーニューヨーク）
8,500km　（バス　2,500km　シスコーロスーバンクーバー）
Ⅲ 大　西　洋（飛行機　ニューヨークーロンドン）7,000km
Ⅳ ヨーロッパ（汽車　1,910km　ロンドンーアムステルダムーミュンヘン
5,450km　ローマーナポリーブリンディーシ）
（ヒッチハイク　1,900km　ミュンヘンーチューリッヒー
ミラノーピサーフィレンチェーローマ）
（船　1,600km　ブリンディーシーパトラス
アテネーイズミルーイスタンブール
ドーバーーダンケルク）
（バス　220km　パトラスーアテネ）
Ⅴ 西アジア・インド（バス　5,150km　イスタンブールーニューデリー）
7,650km　（ヒッチハイク　1,000km　バボールサーーメシュッド）
（汽車　1,500km　ニューデリーーカルカッタ）
Ⅵ 東南アジア・東アジア（飛行機　5,800km　カルカッターバンコクー
5,800km　ホンコンー台北ー大阪）

乗り物別距離数　45,580km

飛行機	12,800km
船	12,600km
バス	7,870km
汽車	3,410km
ヒッチハイク	8,900km
計	45,580km

第二章　グリーン

牛窓の丘の上から　～グラツァーノという名の広場づくり

ペンショングラッツァーノという名の広場づくり

グラッツァーノ、それはこれから私が牛窓でやろうと思っているペンションの名前なのです。「ネーミングの条件は、呼びやすく、覚えられやすいことである」とは私に好意的友人たちからの忠告なのです。そのたびに、あれこれ嫌になるほど考えるのだが、とどのつまりは、これになる。いや、これが一番だと考える。

ペンションとは洋風民宿、映画「旅情」あのキャサリンヘップバーン扮する主人公がベニスでお泊りになったのが「ペンシオーネ」すなわち英語ではペンション。年金という意味もあるから、年金暮らしの老夫婦や未亡人がするビジネスかもしれない。アメリカではツーリストホームと呼ばれている。ほれ、あの映画「フォレスト　ガンプ」でトムハンクス扮するフォレストのママ役サリーフィールドが自分の家をツーリストに提供した。それなんです。旅人が安心して泊れる家庭的な安い下宿屋である。お判りかな？

もちろん、ペンショングラッツァーノは既成の概念などに捉われたりしません。それは「ペンションの名を騙る夢と希望のひろば」とでも申し上げておきましょう。

いずれにしろ、グラッツァーノは、私にとって夢とおとぎの城なのです。一九七〇年、私は二二歳の大学生。世界一周のヒッチハイクを続けておりました。日本から東回りで一年かかってやっとイタリアはミラノ辺りにやってこれました。汚れたTシャツに破れかけたブルージーンズ姿ですから、普通の方は避けて通られましょうが、デュカ　グラッツァーノ　ヴィスコンティ　ディ　モドローネ氏はさすがです、人を見る目が、温かさが丸っきり違うのです。お蔭様で私はこのエクセレシーのご家庭へホームステイさせていただくことになりました。このヴィスコンティ公爵は、乞食にもけして見劣りしない私を乗せて、華麗なるモスグリーンのアロファロメオのスポーツカーで猛烈なスピードで家路へと向かいました。肥沃なるロンバルディア平原のピアチェンツァ郊外、その小麦畑の向こうに忽然と現れたのがグラッツァーノのお城でした。

ヴィスコンティ、そうです、その通りです。「家族の肖像」「山猫」「神々の黄昏」等のイタリア映画界の巨匠ルキノ　ヴィスコンティその人の甥が私を拾ってくれた方でした。後年調べたことですが、若き日のルキノ　ヴィスコンティの馬上の姿を見たイタリアの娘たちは持っていたパンが手から落ちるのも忘れるほど華麗であったそうです。私を拾った公爵もそれは、それはハンサムな貴公子でした。お二人ともよく似たところがありますが、ルキノはアランドロンを拾い上げたところが違うといえば大いに違うのです。ルキノはアランドロンに何か期待するものがあったに違いありません。私の公爵は私に何も期待してはいませんでした、お礼の言葉さえ。

慎ましやかな朝食の席で、おとぎの世界に相応しい可愛らしい公爵の子供さんたちに、そこにあった紙ナップキンで鶴を折って差し上げました。一六年後私は「わが青春の四四六日間世界一周」という一冊の本を書いて公爵に贈りました。彼はお礼の手紙の中に「私の娘は現在二児の母となったがまだあのときのあなたの折鶴のことを覚えています。」と書かれていました。やはりわたしのペンションはグラッァーノでなければと思うのです。「牛窓のグラッァーノか、グラッァーノの牛窓か」を目指してはいるのですが、実は現実はそう甘くありません。グラッァーノという名の広場づくりはおそるおそるでも生きんがために進めつつあるのです。

さて、ペンション経営を始めたもののこれが意外と苦労させられました。お金もなく、料理も料理教室へ二〇回程度通っただけ、ヘルパーも探すのが大変でした。ま、孤立無援という状況でした。そのような状況になることははじめから判っていたのですから全て私の不徳のいたすところであったのです。成功率の低いこと敢えて、一人で挑戦することこそ冒険であり、冒険家の本望であります。一般の人が普通にできることではすぐにあきてしまいますが、あまり遣らない事には並み以上の意欲が燃えてくるのです。「変わって増すねえ！」とよく言われてきたことも事実です。そういった者には、それなりに変り種の友人たちが多いものでもあります。そのような共通項の友は、一度友人になるとたとえ四〇年経っても絶対に離れることは幸か不幸かありません。孤立無援と思いきや、世界旅行からの腐れ縁たちは、弱り果てた私の周りに札束をも持たず、しかし、激励に、いやさらに現実の厳しさを説き聞かせに来たのです。一人ぐらい「これ少ないけれど」といって百万ぐらい置いていくような神々しい者はおりませんでしたが、「また来る、今度きたらただで泊めてや」基より、友人にお金を借りるということなど私のプライドが許すはずもありません。成功の秘訣は「お金は銀行から借りること」であります。いやはや、先が思いやられる。

神話の王国、牛窓

日本の国が誕生し始めていたころ既に中国や朝鮮半島、遠くは地中海地方には、栄えた文化が存在していた。その他、多くの先進諸国から人々が日本に移住し、進んだ文化をもたらして来たことは周知の通りです。最初は、やはり、距離的に見ても北九州辺に上陸してその辺りにいたジャパニイズネイティブを駆逐して、侵略者たちは彼らの居留地なるものを築いたに違いありません。やがて、かれらの一部は、波静かな瀬戸内海を発見し、次々と移住したことでしょう。近代におけるアメリカ合衆国のような状況であったに違いありません。今、私の住んでいる牛窓は、その当時、島であり、その近海は豊かなる山海の幸が容易に獲れたところことでしょう。そして、その当時から天然の良港であったことでしょう。そこを奪い合う、闘いが繰り広げられたことも容易に想像できます。現に、牛窓周辺には古事記に記載されている地名が多く見られます。かつて、牛窓の一角、現在は岡山市大宮には日本の初代天皇とされている神武さんの兄を祭るとされている安仁神社、末っ子だった神武さんの乙子神社、乙子はこの辺ではおとんご、すなわち末っ子のことです。その他に「葦の豊原」の豊原、まさに葦に覆われていそうな所です。「水門」そのまま、その地名があります。神武さんなる人が、三年三カ月この辺りにベースキャンプをはって、武器、兵糧を蓄えて、いざ、大和に向かって進軍したとも考えられます。因みに、この辺には「備前名刀長船」の長船町もあります。蹉跌の産地であったことも申し上げておきましょう。

さて、神話の王国、牛窓には、第一四代天皇仲哀と神宮皇后にまつわる伝説がある。その時代は先住民と移住民との抗争が後をたたなかったのでしょう。現代も同じではありますが、あのイラクで起こっている殺戮合戦は、古代でも同じだったようです。勿論、私の想像でしかありませんが。遠い昔の闘いは、現代に至ってはおもしろいストーリーと置き換わっているのです。古代、牛窓の海にチンリン鬼という九つの首を持ったおろちの怪獣が現れたそうです。それを神宮皇后軍がよもぎの矢を射て、九つの首をはねたのでした。その首が牛窓の海をいろどる島々となったという。それだけでは話は終わらない。やがて、その残党たちは、執念深く、まさに現代のイラクのテロリストのようだが、今度は、牛のモンスターとなって海から現れたのである。神宮皇后軍は、それも撃退してしまったのである。ブッシュさんも神宮皇后軍にレクチャーをしてもらったらいいのに。いや、ブッシュこそ、この牛のモンスターか。話はまだ続く。その牛のモンスターを転ばせた。「牛転」これを「うしまろび」と読みます。牛窓には「牛転」という喫茶店もあります。うしまろび、うしまろび、そして牛窓という地名が生まれた。この話は遠くエーゲ海に浮かぶクレタ島のクノッソス宮殿の魔物、ミノタウルス、上半身は牛、下半身は人という。話ができたのはあちらが先輩である。さて、その話がシルクロードを通して牛窓に来たとすると楽しいではないか。ちなみに、北アイルランドの首相だった人に「トナブル」という人がいた。その人の先祖は、王様の前で牛を投げ飛ばしたそうである。王様は、かれを讃えて、「ターン　ナ　ブル」という称号をあたえたそうである。「ターン　ナ　ブル」がやがて、「トナブル」似たような話ではありませんか。

折角ですからこの牛窓に牛のモンスターにまつわる伝説を集めて、博物館でも造ってはいかがでしょう。

日本のプロヴァンス

牛窓と言えば、そもそも「日本のエーゲ海」をキャッチフレーズにしてはいるところではあるのですが、私はむしろプロヴァンスと言いたいのです。それはなぜか。それはまずあなたのヨーロッパ地図でフランスをよおくみてくださいませ。そして、その形とフランスにおけるプロヴァンスの位置をよく確認ください。その次に、岡山県の地図を広げて、その形とその中における牛窓の位置をご確認ください。さあ、もう、おきづきになられたことでしょう。それらが不思議と形においても置かれたる位置においても、大きさは違えるといえども相似形であること、お分かりになりましたでしょう。しかも、どちらも、海に面し、その沖合いには、一方にはコルシカ島、一方には小豆島が存在しているのです。フランスのプロヴァンスには、紀元前八世紀ごろからギリシャ辺りからの移民が行われていたという。そして、その文化、農業等が持ち込まれていました。オリーブ栽培もそのころから始められていたようです。ちなみに、牛窓では明治以降ということです。プロヴァンスは、歴史と芸術家の宝庫でもあります。ローマ人たちもやってきました。シーザーも闘いにやってきました。そして、そこに文明の華を開かせたのです。そして現在にも残る大事業をやってのけたのでした。大水道橋、コロッセオをはじめとする多くの遺跡があります。文化、芸術家で言えば、ルネッサンスの切っ掛けとなったダンテも「神曲」の構想はここで生まれたそうです。ビゼーは、「アルルの娘」をここで作曲し、ゴッホは「ひまわり」ほか多数の作品を描きました。ゴーギャンやセザンヌ、ピカソ、マティス数えればきりがありません。あのサド侯爵の居城もあります。実に多くの作家たちがプロヴァンス賛歌を書きました。最近では、みなさんもお読みになった、ほれ、あの、ピーター、メイルの「プロヴァンスの木蔭にて」実は、かく言うわたくしめも読んだのです。ヨーロッパは、冬が長く、厳しいところです。暗い森のなかで生活している人々は、光り輝くあこがれの地が地中海地方そして、プロヴァンスだったのです。本当は、プロヴァンスも冬は零下一五度ぐらいになることもあるそうですが。まあ、あこがれの地ですからいいじゃありませんか。波打つ大地にブドウ畑そして、自然のそこここにハーブが生い茂っているのです。それらを食べたヤギや牛のミルクからはおいしいことこのうえないチーズやバターが獲れるのです。世界三大珍味のトリュフもこの地方の特産です。地中海沿岸の街、マルセーユでは、豊富な海の幸の入ったブイヤーベースが有名です。ひまわり、ラベンダー、ミモザ、アーモンドの花もプロヴァンスを彩る代表的花々です。ヨーロッパいや世界のプロヴァンスファンがプロヴァンスをかくも美しい、ロマンあふれる地に育てたとしか言いようがありません。そう思いませんか。

さて、わが牛窓も、いや、プロヴァンスには遠く及ばないにしても、古くから多くの人々の心を慰めたところといえましょう。古代神話そしてプロヴァンスより遥かに温暖な暮らしやすい気候、小高い丘は、緑の照葉樹林の森と豊かな野菜畑に彩られています。わがペンションの周辺の森には何十種類もの小鳥が生息し、たぬき、きつね、うさぎ等々の小動物も生息しております。グラツァーノ周辺では、春にはミモザ、桜、アーモンド、桃、梅、杏、つつじ、が咲きこの世のまさに楽園です。音楽家、画家、陶芸家も多く生活の場として全国からやってきています。

さて、この逸話を最後にご紹介しておこう。ヴァン　ゴッホは大の日本好きであったことは周知のことです。かつて、先にプロヴァンスに住み着いたゴーギャンは「ゴッホよ、日本まで行かなくても、フランスにも瀬戸内海地方のようなところはある。このプロヴァンスがそれだ。」と言ったそうだ、これほんとかな?

アニミズムこそグラツァーノのスピリット

カナダのキャムループスに住んでいる従弟から筒状に丸められた小包が届いた。中には、カナディアンネイティブの版画で飾られたカレンダーが入っていた。その時は、さほど興味も覚えなかったので、そのままクローゼットへしまい込んでしまっていた。従弟のブライアンは、日系三世でカナダ人気質が九〇パーセントかすかに残り一〇パーセントの中に日本的なものが窺えた。プレゼントをもらったから、お世話になったからといってお返しのプレゼントをしたり、御礼の手紙を出したりはしないのである。プレゼントしたくなったらするし、手紙を出したくなったら、本当に自分が出したくなったときだすだけである。私もドライな日本人ではあるのだが、届いたのが一二月であったから、クリスマスプレゼントと理解して、お返しのつもりでクリスマスカードを贈っておいた。

カナダには七カ月滞在したこともあり、ネイティブの芸術にも少しは接していたのではあるが、つまり、ヴァンクーバーのスタンレーパークのトーテムポールとか、日本でも大阪の国立民族学博物館にある各種展示とかで。しかし、版画はじめてであった。そういった版画との二度目の出会いは、カナダと日本を仕事の都合で住み分けている原田さんのお宅であった。そのお宅で実物の版画を見た、そしてそれをわが広場に登場させようと思った。その中に登場する人間と動物、樹木と鳥が自然の中で一体となった姿が極めて鮮明な彩で描かれているのである。神々しく、恐ろしいようなものもあった。人と動物と植物が自然の中で一体となった世界観、アニミズムの世界がそこに展開されているのであった。牛窓の丘の上の小さな森に囲まれたペンションにこれほどお似合いなものがあろうかと思い、早速、次の機会に原田さんに買ってきてもらうことにした。

当時、原田さんは国際関係論を大学で教えていた。フランス語にも英語にも堪能であるからカナダは彼にとって一番力量を発揮できる国ではなかったかと思う。だって、カナダは、二つの公用語、すなわち英語とフランス語。博学な原田さんは社交性も優れているが、行動力がまたすごい。カナダ人たちにもよく慕われていたので、日系カナダ人のジャクソンやポール、ローアンとかが彼を訪ねてやってきていた。まあ、かれを慕って世界から友人たちがやって来ているといえるだろう。そのお陰で、グラツァーノも繁盛したと申し上げたい。

原田さんの計らいでカナディアンネイティブの版画がグラツァーノの壁を彩ることになった。和やかなのもあるが、人間を叱り付けているようなものもある。「夜トイレに行くのが怖かった」というお客様さえいた。それでいいのであります。このグラツァーノにそれは欠く事などできません。「たとえ誰がよるトイレにいけなくなろうが」森の精霊たちと共存できる方、地球に優しく語らえる方には、それらの絵は、優しく語り掛けてくれます。「あなたも、この大自然の中の一員ですよ」考えてみれば、人間ほど罪深い存在はありません。でも、誰もどうしてよいか解らないのです。自然と人が調和して共生できたのは遥か過去のお話でしょうか。今夜もグラッァーノの森では精霊たちが楽しそうに舞っていますよ。

内モンゴルから来たゲル（モンゴルの家）

わがペンション広場にゲルをセットすることになった。わがペンション広場には、多くのボランティアの仲間たちが集っているのですが、その中にウランちゃんという北京大学からの留学生がいた。彼女の郷里は、内モンゴルのホホフトであった。ホホフトは、ジンギスカンのお墓もあるところで、かつてはモンゴル帝国の都であった。そっから、ウランちゃんの買ったゲルが日本へ、わがペンションひろばに向けて旅立ったのである。私自身は、アメリカンネイティブのティピ、すなわちあの三角錐のネイティブの家のほうが、わが広場には相応しいと思っていたのだが、もうそんなことはいってられなくなった。ここで、この大事業を成し遂げた、えみちゃんという女性を登場させよう。彼女なければゲルはわが広場にセットされることはなかった。むかし、「えっちゃんのＳＬ」という番組がＮＨＫで放映されたことおぼえていらっしゃる方は少ないと思いますが。霧島の山の上のユースホステルに、もう、出番のなくなったＳＬを運び上げた話であった。えみちゃんは、それと同じようなことをこれからやっていくのである。しかもたった一人で。内モンゴルから運ばれた総重量四〇〇キログラムのゲルは、天津の港まで運ばれてきていた。

中国語も勉強していたえみちゃんであるがどのようにして、これらを日本まで運ぶのか。一時は、途方にくれていたらしい。「電話の向こうで、もう私知らんよ、このままほっとくから」すごいけんまくの場面もあった。しかし、絞れば知恵も湧き出たのか、自分の帰国する船にきちんと乗せて手荷物扱いで神戸までやって来た。四〇〇キログラムの手荷物、誰が運んだのでしょうかねえ。神戸の港からは、別の仲間がトラックに積み込んで、やがてわがひろばへ到着したのです。

ゲル組み立ての日には、ボランティアが三〇人はやってきていた。その中には、モンゴル、中国の留学生は無論のこと、カナダ、アメリカ、韓国、モロッコ、他一一カ国の学生もいた。このゲルは、日本向けに特別に松の木の床もついていた。柳の木でできた梁を組み立て、その上に分厚いフェルトをかぶせまた、その上に木綿のテント生地をかぶせると完成した。直径五メートル、高さ二・四メートル白地に赤と青の柄の入ったゲルが牛窓の地にセットされたのです。

ゲルは、多くの留学生たちが集いの場として活用されたり見学者も後を立たなかったが、酒飲みたちの集いの場ともなった。床には絨毯を敷き、真ん中にはホームコタツをセットすると飲んで、そのまま眠ることもできた。ゲルは、少しの経済的効果もひろばにもたらさなかったにせよ、時にはありがたい申し出もあった。

ある日、倉敷で有名な画廊喫茶が大阪千里にある国立民族学博物館の「大モンゴル展」に来ている国立歌舞団のメンバー三人と通訳一人をお宅に無料で泊めて、その代わり一回だけコンサートしてもらっていいからというありがたい提案を受けることになった。何を隠そう私は国立民族学博物館の当初からの会員でその番号も二一八であった。コンサートの当日は三〇名の聴衆がひろばに集まった。モンゴルの美しいコスチュームを纏った演奏者と女性歌手は、ホーミーや馬頭琴、横笛の見事な演奏を惜しみなく披露した。わがひろばでは、あらゆるジャンルの音楽コンサートを実施してきたのだが、このコンサートほど人を魅了したものもない。ただただ、ゲルを運んだ人たちに感謝の意を捧げておこう。ただ、ゲルも一〇年以上ひろばに雨ざらしされ、今や疲れ果ててはいるが、それでも内部はまだ使用に耐えうるでしょう。「崩れないうちに見にいらっしゃ〜い」

地球人ファミリーがやってきた

松ちゃんとは、ロサンジェルスダウンタウンの安アパートメントホテル「真砂」以来四〇年の友情を保っている。一九九四年、わがペンションひろばを建設しているころの私は、まさに、苦しみの生き地獄を彷徨っていたと申し上げておこう。多くの友人たちが私の激励に駆けつけてくれたのであるが、勿論、松ちゃんもやって来た。世界をまたに駆けて、堂々と渡り合っている彼は体つきも顔つきも堂々として、その存在は、そのときおどおどしていた私には「地獄で仏とも閻魔大王」とも思われた。その松ちゃんがファミリーを連れて牛窓の丘の上のわが広場に久し振りにやってきた。ガールフレンドのヘレンはスウェーデン人であった、二人の息子はフレデリック、その彼は、今はアメリカ、ケンタッキー大学で法律を勉強中であった。三人は別々にそれぞれ日本、スウェーデン、USAと別れて暮らしていた。つまり、年一回だけ、ファミリーになるのですよ。考えられますか。このときも、わが広場へ来たのは、私の激励と刺激をあたえるために他ならなかった。そして、その日の宿泊は、ペンション　グラツァーノならず倉敷国際ホテルを私めがご予約させていただきました。(私もペン

ションという宿泊施設経営してはいるのですが）

ロサンジェルスで私と別れてから、松ちゃんは、相棒のリンさんとも離れ、ひとりロンドンに飛んだ。そこでは、英語習得のため英語学校へ入った。意外と彼は勉強家なのである。「人を見かけだけで判断してはいけませんよ、みなさん」語学学校などで英語をやるより、しかも高いお金を払ってまで、折角、本場ロンドンに来てまで。「やっとられんは」と思うのが松ちゃんの常識。如何なるテクニックを要したかは知らないが、受け持ちの美しいかどうかそれも定かでないのだが、女性であることはたしかであるが、その教師ときちんと同棲生活を始めたのです。悔しいではありませんか、私のほうがいい男なのに。そうなると男は自信もわき、語学学校なんぞより、多分、安く、スピーディーに言葉の壁を突き破ったことは容易に想像できましょう。さて、その後、松ちゃんはぼろ雑巾のように、捨てられたか、永遠の愛を誓い合うも別れたのか知性あふるみなさんのご想像にお任せしたい。

その後松ちゃんは、当然ここ、フリーセックスの国スウェーデンにその姿を現したのです。英語にもヨーロッパの女性にも自信の付いたわれらがまつ兄貴はガールハントの日々。ヘレンとそんな時知りた会ったのです。そこで恋の炎が燃え上がったのか、性に飢えた貧しい東洋人にヘレンは身を捧げたのでしょうか。生まれたのがフレディレックです。

やがて、松ちゃんはヘレンとフレディを残し一人日本へ帰ったのでした。スウェーデンという国は、こういうシングルマザーが、生き生きと生活できるらしく、フレディはすくすくと成長していったのでした。

この男の末路こそ地獄と思いきや。今や、松ちゃんは、英語力とチャールズブロンソンのような顔をフルに生かして日本の倒産企業の中古機械、中古自動車の輸出販売会社社長である。つまり、ただでよい機械を世界の貧しい国へ高く売る、まあ、かれならではのすばらしい商売でありましょう。彼は、けして悪い人ではありません、いやむしろいい人ですよ。

フレディは男親と違って、キリットしたいい男だ。その上、頭脳明晰ときている。似ているところといえば、二人ともかなりのO脚であり、魚好き、肉とねぎが嫌いなのです。こうしてみると彼らは間違いなく本当の親子さんでしょう。

最近、フレディが弁護士になった。松ちゃんは、スウェーデンからヘレンとボーイフレンド、松ちゃんはガールフレンドと本人、フレディをロサンゼルスのハリウッドに集めて豪華パーティを執り行ったそうである。このおおらかな人間関係はいかがでしょう、ブロークンファミリーなんかではありませんよ、これこそ「二二世紀の地球ファミリー」と申し上げておこう。

世界旅行でもしなければ、このような偉大、いやおかしな友人には出会えませんよ。こういう友人に恵まれたからこそ事業が成功したといえましょう。何もほとんどしてもらったのではありません。ただ、その存在だけでいいのです。

グルメは地球を滅ぼすか

「お宅は、どんな料理が出ますか」「欧風家庭コース料理です、つまり、スープにサラダ、サブにメインディシュ、コーヒーにケーキです」「刺身なんかできないんですか」こういうお客が一番苦手である。欧風家庭料理に刺身なんか出るはずもない。余り言われると「うちは料理なんかで勝負してませんよ」とつい言ってしまう。「それじゃあ、そちらは何で勝負してるの」そこまで来ると「私自身です、ここは私のテーマペンションです」とまあ言うこととなる。お客商売向きとはいえない。「料理は真心さえこもっていればよろしい」と先輩のペンション経営者から教えられてはいた。ペンションをやる前は、ほとんど料理らしきものはやったことなどなかった。だから、料理のことを一番に聞かれたりするとパニックどころか極めて不愉快になった。「料理なんかなんでもいいですよ」と言うようなお客は神様に見えますよ。カレーライス一杯で幸せを感じられる人こそ地球を救う人だ。とは言っても、旅に出て料理は大きな楽しみの一つであることも認めよう。しかし、私はそれでも少しずつその苦手な料理とやらを克服せざるを得なかった。一人で経営している訳であるから、当然お手伝いのスタッフを必要とした。丘の上の、森と野菜畑に囲まれた、周囲五〇〇メートルは他に民家もない孤立したペンションであるから、隣のおばさんに「ちょっと来て」とは言えない。そこで私は暇そうな友人、知人とか訪れるお客様全てに、機会あるごとに「うち手伝って」と持ちかけた。時には、お客様にさえ手伝っていただくことにさえなった。しかし、その甲斐あって、多くの町内の主婦とか学生、そして一五カ国位の留学生もアルバイトにやって来るようになった。世界旅行の経験も大いに役立ったと思える。それらのスタッフからも料理技術向上に繋がる多くを学べたと申し上げておこう。さて、中でも近所の恵おばさんが連れてきた通称トラさんほど我がペンションの料理イノベーションを図ったものはない。「あしあ、ただでいいから、酒と寝るとこさえ用意してくれればいいけん」こんなありがたい申し出をことわる理由などあるはずはない。とらさんは、先日まで岡山で有名な某ホテルの料理長であったらしい。うちでは、短パンにトラしまのTシャツ、軽快なフットワークで酒をぐいぐいひっかけながら次々と手際よく料理をつくる。オーナーシェフの私も、恵おばさんもロシアの留学生ダリアちゃんもそばで見ていればよろしい。「しかし、さすがレベルが違うわい」お陰で、とらさんが来る前と来た後ではグラッァーの料理がはるかにそれらしくなったと申し上げておこう。一度、騙されたと思っていらしてみては。

しかし、みなさんローマ帝国は、美食と女性の地位の向上で国が滅びたという説もあります。女性の地位向上はいいことでありましょうが？　美食こそ、グルメ追及こそ地球滅亡を早めることであろうと理解できる気がします。グラッツァーノは滅びたくないのでこのくらいでグルメ追求はやめておきたい。

第三章　ホワイト

南海の楽園さがし　～楽園で何をするか

南海の楽園で何をするか

ここ四、五年はフィリピンの小さな珊瑚礁で暮らすことばかり考えていた。もちろん、考えると同時に大小二三の島を旅した。空からも海のうえ海中からも島々を楽しんだ。日本に長く住んでいるが数えてみると二〇程度の島しか行っていない。大方の人がそんなものでしょう。七一〇七の島、その内の一〇〇〇ぐらいに人が住んでいるそうです。その多くは電気もガスも水道もない竹をきれいに編んだ、ニッパやしの屋根の小さな薄暗い家に一〇人ぐらいの家族で住んでいる。とにかく生活がシンプルなのであるからごみもあまりでない。日本の多くのみなさんは一週間も過ごせないかもしれません。リゾートをそういったところへ持ち込んだのはヨーロッパの人々でした。そういったことに彼らは貪欲です。フィリピンの小さな美しい島はほとんど彼らに占領されているのです。ですからロッジ、レストランバー、スキューバーダイブ、金髪の美しい娘はどこにでもおります。それらのすべて、僕は嫌いではないのですが。いや、好きなのですが。ハーモニーなのです、肝心なのは。マラパスクワという小さな美しい島、気にいっておるにはおるのですが、少しずつそのハーモニーが失われつつあります。ですから僕は来年そこからフィシャーマンたちと西北西へ三時間ばかりの TONGUINGUI ISLAND へ行く予定にしております。まだ分かりませんが、そここそ僕の楽園です。まず間違いないでしょう。二年前空から見ていたその島です。太陽は海から現れ海に沈むのです。真っ青な海緑の島、真っ白な砂浜は珊瑚礁に覆われています。僕は、その島に現れた最初の日本人かもしれません。

さ〜て、何回も同じところへ行くと同じ物ごいの方がたにお会いします。フィリピンの友達たちは「やらなくていい」といいますが僕は少しの小銭をあげます。ここの政府は日本と違って何もしてあげません。ですから、働けといってもなにもないのですから働くところが。僕は何もできませんが彼らと同じぐらいシンプルで自然と調和した生活をしたいと思います。

余談

7　解説・オピニオン　2003年（平成15年）5月26日　月曜日　山陽新聞

オピニオン　解説

談論風発

ペンションオーナー　三宅　正章さん

南海の楽園

人生観に変化もたらす

マラパスクワは、白い珊瑚礁に囲まれたひょうたん形の小さな島で、フィリピン中部のビサヤと呼ばれている地方にある。

ビサヤ地方の中心であるセブ島には、大阪から空路五時間で着く。セブ市から窓ガラス無しのバスにがたがたと四時間揺られ、同島最北端の町マヤへ。そこからさらに小舟で波しぶきを全身に浴びながら四十五分、やっとマラパスクワ島に到着することができる。誰にでも行き着けぬ「南海の楽園」と申し上げておこう。

■

学生時代にヒッチハイクで世界一周をしてから三十四年が過ぎた。いつも心の中で、いつか青い海の珊瑚礁を眺めながら生活できればと思っていた。ペンション経営も安定し、海外からのお客様も三十五カ国を超えた三年前、青春の冒険心がよみがえり、フィリピンへ度々出かけている。

でも、なぜフィリピンに的を絞ったのかと、日本人からもフィリピンの方からもよく聞かれる。バリ、タヒチ、パラワン、沖縄とて海と珊瑚礁はあるではないかと。

多くの日本人はフィリピンを悪く誤解しているし、フィリピンの人たちも彼らの島々の素晴らしい可能性を信じていないようだ。七千百七の島があり、七千万人以上が生活している。その80％の人は母国語のほかに英語を話す。生活物資は安いし、人々は親しみやすく、英語の勉強をするにも、われわれと同じアジア人の彼らから学ぶ方が、アメリカ人や英国人に学ぶより効率がよいように思える。

■

さてマラパスクワ島であるが、人口は四千人程度で、端から端まで徒歩で四十分ぐらい。90％の人はフィッシャーマン（漁業者）とその家族である。残り10％は、スイス人たちが経営するリゾートロッジとか、私の好きなスキューバダイビングの店で働いている。

フィッシャーマンたちは朝早く漁を終えると後はのんびり、ゆったりとした時を過ごす。所有欲が小さいというか、多くのものを持ちたいとは思わないようだ。ガスも水道も電気もないシンプルな竹づくりの家に住み、エネルギーを極端には消費しないから、自然環境に優しい。

この島には小学校が一校、キリスト教会は方々にあるが、警察とか郵便局、病院はない。ミネラルたっぷりの海水で体を洗い、きれいな空気に包まれて生活していれば、病気にかからないのかもしれない。日本社会にうんざりするほどある精神的なストレスはなさそうで、ここを訪ねるたびに元気が出てくる。日本の不登校の子どもや引きこもりの若者たちを一度連れていってやりたいと思っている。

ヨーロッパの人たちは遠くから、わざわざこの小さな島へ自らを癒やしにやって来る。ものを多く所有していても決して豊かではないということを知っているのだろう。彼らはこの島で美食など決して求めない。

フィリピンに対して、もっと正確な情報を得て偏見のない判断力を養い、より多くの人に「何もなくて安らぐ島」にお出かけいただきたいものである。この島は、少なくともあなたの悩みをひとつでも解決してくれるであろうし、人生の考え方によき変化をもたらすと確信している。

みやけ・まさあき　1948年生まれ。立命館大文学部卒。87年に「わが青春の446日間世界一周」を自費出版した。岡山県牛窓町在住。

投稿募集

このコーナーへの投稿を募ります。1200字程度で、テーマは自由です。採用分には薄謝を送ります。掲載された意見に対するご意見、ご感想もお待ちしています。氏名、連絡先を明記のうえ、〒700-8734、山陽新聞解説委員室「談論風発」係。電話086-244-3904、ファクス086-245-5296、Eメールkaisetsu@sanyo.oni.co.jp

一九七〇年ヒッピーたちに発見された楽園

●ボラカイ島そしてパングラオ島

世界旅行以来の親友、柳からフィリピンの素晴らしさを聞かされ、それほど忙しくないペンションの、その中でも特別忙しくない一月中旬から二月上旬にかけて「フィリピンの楽園さがしの旅」を始めた。私は一人、関空からマニラへ。そこから国内線の小さな飛行機に乗り換えて、フィリピン中部のパナイ島は、カリボという人口二五〇〇〇人ぐらいの町に下りた。一〇年ぶりの外国であり、私の大好きな南国であった。私は、心、晴れやかな気持ちで何かしら、あのマッカーサーのように偉そうに堂々とタラップを降りた。大阪との気温差は三〇度以上である。南国のもあっとした空気に包まれた。バス停のような小さな空港の金網越しにフィリピン人のような顔つきの柳と日本人のような顔つきのフィリピン人ポール　ガックが手を振っているのが見えた。周辺には色とりどりのブーゲンビリアとハイビスカスの花が咲き乱れ、南国ムードいっぱいであった。柳ほどその環境に適応する能力のあるものもいない。メキシコではメキシコ人にみられ、フィリピンではフィリピン人にさえフィリピン人と思われるのです。昨日まで大阪弁を話していたと思いきや今日は江戸弁である。まあ、機転の利く、私のアシスタントとでも言っておこう。柳とは不思議な縁で結ばれているとしかいいようがない。ロサンジェルスでは二人で安アパートを借りたり、かつての我が家にもわがペンションにも気楽に泊りに来る。勿論、無料いつも無料である。世界六〇カ国無銭旅行をした男である。誰からも愛されやすい性格か。今また、こうして柳と冒険旅行ができる喜びでいっぱいであった。

さて、その柳が案内した、ボラカイ島、遠くから見ただけでこれほど感動した島もない。二〇人乗りのアウトリガーつきの船はわれわれにいやというほど水しぶきを浴びせながらボラカイへ向かって軽快に進んだ。ボラカイの緑と真っ白いビーチが青い海の上にくっきりと浮かんで見えた。「ブルーグリーン　ホワイト」さっきから、私は美しさに感動してカメラのシャッターを押し続けていた。

「いい所はいくらでもあるから」フィリピン五回目の柳がえらそうに言った。

レセプションに可愛い女の子のいる南国ムード満点のホテルに泊りたかった。昨夜はといえばドテッとしたおばさんばかりのペンションであったから。ポールが案内したのは「カサ　ピラール　リゾート　ホテル」レセプションにはちゃんと目のくりくりとした可愛い娘がいた。「アイム　ルキング　フォー　ガールフレンド」と言うとキャッキャと笑われた。「アベイラブル」提供するわ、といわれて逆に困ってしまった。それも単なるフィリピン流社交辞令なのだが。南国ムードいっぱいの広い中庭には、美しい熱帯の樹木と花々に覆われていた。甘いプルメリアの香りが漂いルームメイトが柳でなければ、いやさっきの娘さんであったならどんなに幸せかと思わずには居られなかった。

ボラカイのホワイトビーチのサンセットほど人を魅了し感動させるものはない。巨大な太陽が水平線の彼方に沈んでいくのです。空気が澄んでいて、水も真っ青であるから余計大きくきれいに見えるのでしょうが。その光景を四キロメートルも続く真っ白なパウダーサンドビーチから、世界中から来た旅人たちが恋人たちと静かに語らいながら眺める姿にも感動した。

病気で苦しんでいる人たちや戦乱に明け暮れている人たちにも見せてあげたいと思った。

その美しいビーチの中ほどに「リックスバー」があった。アコースティックギターの弾き語り、それも半端ではない歌唱力のフィリピンの若者が歌う。満天の星が夜空を彩り、暗い海には夜光虫がきらきらと光る。波は静かにさんご礁を洗っている。我々は、砂に水虫の足を突っ込んで、歌を聴きながらマルガリータを飲む。ああ、アン　マーグレットと二人だったらなーどれほど大きなため息がでたことか。ポールも柳もうれしそうに飲んでいる。この感性の差は大きい。

一九七〇年初頭、このボラカイ島はヒッピーたちによって、その存在が世界に紹介されたのです。その後の発展は目覚しく、フィリピンの一小さな漁村はたちまちのうちに世界のリゾートとなり、年間年一〇万泊の観光地となっている。日本では東儀秀樹と奥菜恵が主演した映画「インフィニティ」無限大で紹介されている。われらが友人ポール　ガックもトライシクルの運転手として三秒間その映画に出演しているのであります。

ポールガックは、ファミリーたるや周りに二〇〇人ぐらいいるので、このボラカイのホワイトビーチの顔役であるからけして疎かにはできない。おかげで彼の従姉妹たちの誕生セレモニーにもお呼びが掛かった。やたらライスの山ばかりが目立ったがそれでも豚肉やフィッシュ、熱帯のフルーツもテーブルには置かれて、その両脇には可愛らしいフィリピナスたちがにぎやかにに語らっていた。「ハローエブリワン　アイム　マサ　シングル」と言うとキャッキャと笑う。「どなたの誕生日」と聞くと三人が一斉に手をあげた。大きなファミリーだ。でも、お誘いをかけたくなるような娘は残念ながらそこにはいなかった。ポールを見れば大体わかるのであるが、どうも美形ファミリーではなかった。

ボラカイは長さ七キロメートル幅一・五〜二キロメートルの細長いひょうたん型であり、いちばん高いところは一五〇メートルぐらいであった。そこまでわれわれはオートバイを借りてでかけた。途中、とあるリゾートの入り口にある貧しそうな家の前に美少女が妹と思われる赤ちゃんを抱いて立っていた。それがなんとも言えないほど美しく感動さえ覚えた。思わずオートバイを止めて「赤ちゃんを抱く楽園の天使」を撮影させてもらった。翌年、私はその写真をもって彼女を訪ねた。柳は先にオートバイを進めていた。私はこの冒険旅行に大きな期待をかけていた。日ごろの生活ではけして味わえない感動を探していた。

山の上から坂道を下る途中、砂利道に車輪をとられ転びそうになったあげく右足をマフラーで火傷してしまった。海につけて冷やした後、この島の唯一の診療所で治療することにした。「薬だけつけて」といったのではあるが、やたら丁寧である。まず、脈拍をみて、聴診器を当てて、そして血圧まで測るとやっと薬を塗ってくれた。痛くてたまらなかったのだが。包帯も全て医師が巻いてくれたのである。ナースは、そばで腕を組んでみているだけであったのがおかしかった。

ホワイトビーチで借りたオートバイを返しに行った。その辺りにたむろしていたのんきな若者たちが私の火傷に同情して「まさ」「まさ」とコールした。火傷して私は英雄になれれたのか、面映い思いがした。わたしはコールに応えて手を振っていた。みんな暇なのだ。まさに、この国は「年中夏休みの国」と言えるでしょう。

マクタンのプリンセスジョアンナ

ジョアンナと出会ったのはフィリピンの友人、タタの弟の結婚式の会場でした。タタはマラパスクワでの私のスキューバーダイビングのインストラクターでもあった。バネッサとの恋に破れて、ノラの姪のサロメに傾いていたある日。「弟が結婚するので出席して欲しい、ついでに弟に一生に一度だけでよいからジャックダニエルを買って」勿論、タタが頼まれたのであろう。私は自分の姪や甥の結婚式にも出席できないでいるのであるが、タタの策略にのった。

式場は、マクタン島はラプラプ市の意外にも美しいカトリック教会でした。新郎の兄貴とはいえタタのいでたちたるや白いポロシャツにGパンそして白い運動靴姿であった。私はといえば綿シャツにブルージーンズ、にたようなものであった。「それで十分、問題ない」いつもこれである。見渡すと母親も他の兄弟たちもそんなところでした。ただ、この結婚式のスポンサーたちは白いドレスに統一されていたそれも女性たちだけである。当人たちはさすがに礼服にウエディングドレスであったが新郎のシャツの袖のカフスボタンがないせいでオープンしたままであったが本人も誰も気にとめてはいなかった。ブライダルメイドたちもグリーンのドレスに身をつつまれていてその中に白人ように色白で美しい少女もいた。私は一番後ろの方で遠慮がちに腰掛けているタタのファミリーを離れて、スポンサーとしての花のコサージュを胸にキャメラマンをしていたのです。その時、長々と有難いお説教をする牧師の話に聞き入っていたジョアンナの姿にくぎづけになった。GジャンにGパンだったが新婦よりも遥かにチャーミングであった。その隣に腰掛けていたジョアンナの母親もジーンセバーグのように短くカットした髪型であであったがその年代ではフィリピンでも少ない美人であった。ついつい力メラをそちらばかり向けてしまっていた。そうなると結婚式などそっちのけで、タタからジョアンナについてのあれこれを執拗に尋ねることになった。「問題ない」「どちらもシングルなのですから」タタは二五歳にして五人の子持ちであるが「あれだったらぼくもいい」ジョアンナはタタの母親の家の近所。しかも妹の親友だというから好都合でもあった。

さて、みなさんは「ジョアンナってどんな娘」と聞きたいと思う。まず、こういう女性といえば、ハリウッドスターのサラ　ミッシェルゲラーのアジア版と申し上げよう。身長一五八センチでスタイル抜群。長い黒髪は背中まで伸びている。スパニッシュの血が濃く混ざっているのか色白で目鼻立ちがくっきりしています。みなさんあんまりくやしがらないで。これはフィクションではありません。

「事実」そのものです。

「ウイル　ユウ　マリー　ミイ」この言葉を発したのは、マクタン島のそう、あの名だたるラプラプ酋長のブロンズ像のある公園であった。ラプラプ酋長といえばフィリピンの英雄。一五二一年マゼランは世界一周の途中この島へ到着したのです。その行く手を阻んだのが他ならぬラプラプ酋長であったから彼の名はジョアンナの住んでいるここラプラプ市の名前としても残されているのです。マゼラン自身はここで殺されたのですから彼自身「世界一周」はできなかったのです。私はみなさん既にご承知かと思いますが単独「世界一周」をやり遂げた男ではありますが。マゼランが殺害されたその場所でしかも四八四年経て、今、ラプラプとおそらくマゼランの子孫であるジョアンナに恋を語りかけているのです。今は戦いの無い平和な島で、マゼランも悔しがっているに違いありません。

「イエス　アイ　デゥー」出会いの日から三日目の夜であった。フィリピンの娘たちは気軽にその言葉を発するのである。その後、三年たったが状況は一歩も進んでないと申し上げざるを得ない昨今です。「いやはや、人生ままならないもの」

それはさておき、私は彼女の母親からの招待で夕食をご馳走になることになった。ジョアンナの家は、トライシクルを下りて家の立ち並ぶ真っ暗な小道を五〇〇メートルほど入り込んだ、路地の一角にあった。以前来たことのあるタタの家から四、五軒目にあった。目の前に共同井戸があり、その後ろのトタン屋根の家だった。玄関のドアーの中にその家には似つかわしく無い、ソファーやテレビが置かれていた。粗末なテーブルにはライスと瀬戸内海でもとれるのと同じような茹でたかにや野菜とチキンの煮込みアボドとマンゴーのスライスそしてサンミゲールのビールがセットされていた。母親の心ずくしのディナーも先ずは二人だけで食べるのです。私は感激でいっぱいでビールも食事もあまりすすまなかった。我々の食事が終わるとジョアンナの母親と三人の異父姉妹と弟が同じテーブルの残りを食べるのです。その慎ましやかな姿に感動を覚えた。部屋は他に一部屋寝室があるだけで今は六人で暮らしているのです。電気はきているのであるがガスも水道も無い。エネルギーを使わない地球に優しい生活であった。日本の昭和二〇年三〇年前半の生活もそうであったのですが、「清く貧しく美しい」生活ですねえ。地球を永生きさせるにはこの生活しかありません。

バングラオのひと時

細長いセブ島の東に丸いボホールと言う直径一〇〇キロメートル程度のフィリピンでは大きいほうの島がある。その南端にボホールと相似形のような直径一〇キロメートル程度の島がパングラオです。その島の南東端にアロナビーチリゾートがある。ここもホワイトビーチがあるがボラカイのそれの三分の一程度である。しかし、ここへのアクセスは容易であり、三泊四日ぐらいの日程しか組めない日本のおっさんたちでもおばさんたちにも楽しめる要素があるのです。まず、第一日目は、隣のボホールのチョコレートヒルへ、世界一小さなメガネザルのターシャ、子豚を丸呑みにする大蛇、そしてロンボク川に架かったバンブーブリッジ見物。この橋は映画「インディジョンズ」で使われたという。二日目は、朝早く起きて、ドルフィンウオッチングとビーチでオイルマッサージ。

三日目は、はい、バリカサグで魚と遊びます。ですから、旅の一年生から本格派ダイバーまで楽しめます。僕の友人の柳やまっちゃんは、わざわざテニスのラケットかついでここまで来るのですからあきれます、あきれてものが言えない。そのてん、ヨーロッパのおっさんやおばちゃまはおちがいになられます。ドタバタしません。ビーチでセイウチのように日光浴、読書もよくします。金を使わないで如何に長く滞在できるかがテーマなのです。最近は、ドイツ人、オーストラリア人たちが移住して、ドイツ人村ができています。安い国で、無料の太陽と海を楽しむ。日本のお年寄りも、少ない年金で贅沢に生きれる。いいじゃないですか。「君もそんなこと考えているのかって」近いが違うといっておこう。

この島は四度来た。三度目にはジョアンナと一緒だった。セブからネグロス、ギマラス、そしてまたネグロス、ボホールと、海と陸地一〇〇〇キロメートルぐらい移動して、そしてパングラオでのんびりしようと思っていたのだが。柳たちとばったり会ってしまった。あらかじめおおまかな予定は知らせておいたのであるが、恐ろしい嗅覚である。そのときは、彼は埼玉のテニス仲間の角田さんといっしょだった。もちろんテニスのラケットも持参していた。

ディナーをいっしょにというありがた迷惑な誘いも断りきれず、あまり気の進まないジョアンナと出かけた。私も彼らが涎をたらす姿などみたくはなかった。

「話さないなぁ、この娘は」「普通フィリピンの娘は愛想がいいのに、おかしいなぁ」私がよければそれでいいのに。もてる者ともてない者の違いを感じざるをえない。

しかし、もてるはずの私はシングルであり、もてないはずの柳はよき伴侶に恵まれ、二人の賢い娘のよき父親でもある。二人とも奥方の血が濃かったのか賢い上に可愛い。柳は自分に似ていると親ばかを平気で言う。生まれてこの方、このお方様は、鏡の無い生活をしてきたのでしょうか。

南国の太陽を浴びると一〇分で褐色になる。普段から色の黒い柳は、家族からいつもスキー、テニス、そして南国に行くときも「それ以上焼かないでいいから」と言われるらしい、それでも日焼け止めを使うどころか、日光浴さえやる。その夜四人でとったスナップを後で見て驚いた。他の三人は、それなりに、柳様は目の白い部分だけ映っているだけであった。まさに「闇夜にカラス」かあ。

あの大冒険家、植村にも似ているわが親友はしかし魅力ある男だ。南北アメリカを縦断したり、ヨーロッパの北端からサハラを通ってのアフリカ縦断、その他言えば切が無いほどの冒険をこなして、どこでどう間違ったのか、今やジュエリー、アクセサリーの偉大なる作家でもある。そういえば、池田万寿夫にもどこかしら似ている。いい男ではないかわりに神は誰もみすてない。才能があるのだ。

その夜のファイナルは、素晴らしいハーモニー、流しのギター弾き語りをみんなで楽しんだ。勿論、サイモン&ガーファンクルも歌った。そして、世界中から来た人たちと「ブリッジ　オーバー　トゥラブルドゥ　ウオーター」を合唱した。ホワイトビーチの静かなる波音、空には所狭しと星、海には夜光虫がキラキラと光る。幸せなひと時であった。

サンゴと魚たちの楽園

●バリカサグとパミラカン

バリカサグのおばちゃまたちはアロナビーチで様々な商売をしている。例えば、オイルマッサージ、マンゴー、パパイア、バナナといったフルーツの販売、そして貝やビーズで作ったアクセサリーの販売です。私はペンションの可愛いスタッフたち、さゆり、ゆみ、はるな、あさみといったお嬢様方へのプレゼントとして、また、ペンションの目玉商品として販売するため安く仕入れようと苦心する。しかし、いつもやられてしまう。相手が一枚も二枚も上手である。特にこちらが欲しいさめの歯つきネックレスは絶対安くしない。先に私が欲しいという顔を見せてしまったのであろう。今年こそ値切ったるでと張り切ったのはいいがいつものおばちゃんはもういない。「娘さんがアメリカ人と結婚した」ここまで聞けば後は納得だ。もうお金には困らない。この国は八〇〇万人以上の人を海外へ送り出し国家予算の何分の一かを仕送りで賄っているそうである。まあ、日本でもそうであるが庶民は娘を金持ちに嫁がせたいものですよ。

そのパリカサグは遠くから見るとグリーンが青い海の上に平らに一筋浮かんでいるように見えた。

インターネットのグーグルアースで空の上から見るとまるで海の中に消え行くかのように見える。ジョンジョンが運転して私とジョアンナの乗ったエンジン付きボートから、島の沖合い八〇メートル付近で、自然保護のためと儲けんがために、それよりも遥かにちいさな手漕ぎボートに乗り移らねばならなかった。底が透けて見え珊瑚の周りに彩り豊かな魚が無数泳いでいるのが見えた。さすが自然保護区である。みやげ物売りのおばちゃまたちを乗せたボートが盛んにアピールした。上陸する前からこうであるから、先が思いやられた。島は美しい緑に包まれていた。ビーチに一箇所ちいさなリゾートがあるだけで他には意外と商売気は何も感じられなかった。小道をジョアンナと二人で、島の中央辺りまで進んでみた。バスケコートがあった。そのすぐそばにシンプルな島の地図が示してあった。中央部の灯台までいくと引き返した。付近の民家には人影はあまり見られなかった。その代わり、やぎと豚と鶏が行く先々見られた。みんな朝からパングラオのビーチリゾートに働きに出ているに違いなかった。この島にはバナナもパパイアの木もそれほど見られなかった。多分ボホール辺りで仕入れてアロナビーチで売るのであろう。例のネックレスもボホール辺りで作られているのか。この島にはそれらしき物は見られない。直径数百メートルの可愛い島、人口も恐らく百人程度といったところか。

元のビーチに引き返して、シュノーケルを楽しんだ。パンくずをやると魚たちが上がって集まって来た。よく馴らされたものである。

八〇メートル位沖に出るやそこからはぐーとドロップする。その辺りがダイビングスポットである。

魚たちも大型回遊魚がやってくる。ぎんがめあじの大群にもであった。バラクーダやマンタさえ見ることができた。珊瑚も浅いところのものとは様変わりして赤い枝サンゴのようなものも見られた。昨年柳らとその付近で潜った。断崖絶壁のような壁に沿って、二〇メートルドロップした。楽しめるどころか柳とインストラクターについていくのがやっとであった。

ボラカイ島ではほとんど死に掛けた私は、まだまだ気楽にダイビングを楽しめるところまでいかない。ボラカイでは、柳と英国の美しいゾーエ　マーチンという駆け出しのインストラクターと潜ることになった。船から逆さまに「どぼーん」と飛び込んでみんな顔を見回すとすーと沈んでいくのである。私はバランスをとるのに苦労しながらもゾーエの美しいお尻を眺めながら着いていった。赤い見事な枝サンゴの前に来るとここでポーズをとれとゾーエが指示する。私は、それどころではないが辛うじてその前でポーズをとって写真に納まった。その内に私はエアーが残りわずかであることに気がついた。ゾーエは写真を撮ることに夢中で私の出すサインに気付く様子も無い。ついに私は浮上を単独開始した。海面下三メートル辺りで完全にエアーが切れた。やっとの思いで海面にたどり着いたのであるが波は高く、待っているはずのボートの姿さえなかった。必死のサバイバルで嫌と言うほど海水を飲んでいると、やっとゾーエと柳たちが「なにかあったの」といった顔をして浮かんできた。美人の女性とは潜るものではない。陸上で楽しむだけにしたいものである。その夜、ゾーエを誘ってリックスバーへ行った。昼間海水をたんまりご馳走になった御礼にマルガリータをご馳走させていただくことになった。

バリカサグでは何も問題なく海中散歩ができた。少しは自信がついた。「回数の問題だよ」オープン　ウオーターの私より一ランク上のアドバンスダイバーの柳先生が慰めの有難いお言葉である。

パミラカンはアロナビーチから東の海上に在って、バリカサグとは逆の方向にある。インターネットのグーグルアースで空の上から見ると宝石のように美しい。グリーンの周りをホワイトが囲みその周りをスカイブルーと濃いブルーが囲む。それぞれグリーンは樹木、ホワイトは白い砂、スカイブルーは珊瑚礁、濃いブルーは海である。この島は、鯨漁と風葬の島として知られている。鯨漁は、古くからの慣わしで住民の生活に不可欠である。しかし、このご時世であるから年に数頭しか捕獲できないようだ。一頭、一六万円程度であるがこの島の住民の生活を支える事業の一つであろう。風葬とは、死者を崖っぷちの横穴に祀る風習である。インドネシアのスラウェシ島にも同じような風習がある。海の道でそちら方面と繋がっているのであろう。風の強い島だった。確かに海はあっけにとられるほど青く澄み切っていた。島のサリサリストアーでタバコとポリボトル入りの水を買って付近を散歩し、ボートのあるビーチにひきかえした。私は風葬の場所もみておきたかったのだが　疲れた様子のジョアンナが心配になったので早々にアロナビーチへ帰ることにした。

パングラオではドルフィンウォッチングも誰でもできる楽しみの一つである。私は再びジョンジョンのボートをチャーターして出かけることにした。毎朝七時過ぎにイルカの大群が現れる海域へ行くためには、六時にはビーチを出発しなければならなかった。まだ暗い浅瀬には夜光虫が光っていた。沖へ停泊しているジョンジョンのボートまでその光る浅瀬をジャブジャと歩いていかねばならなかった。

その海域には既に大小様々ドルフィンウォッチャー船が五、六艘集まっていた。そのうちにイルカが現れ始めるとそれぞれがその群れを追い始める。ジョンジョンも小さなボートで必死になってその群れを追う。私はカメラのシャッターを押し続けた。三〇分ばかりで勝負はついた感じである。いるかこそいい迷惑であろう。バカはいつも人間たちだ。

さて、半日のチャーターであったから余った時間でバージンアイランドへ向かった。この島ほど天国を思わせる島は無い。底の見える珊瑚礁のうえに真っ白な砂だけの島である。所々にグリーンのマングローブの木が八〇メートルごとの間隔で立っている。多分みなさんは何かのコマーシャルでこの光景をすでにご覧になった方もいらっしゃると思いますが、美しい女性が白いハットに白いワンピース姿で白い砂の上に青い海と青い空の間に立っているシーン。事実、ジョンジョンも日本から撮影に来たことを知っていた。私は残念なことにプリンセスジョアンナを起用してそこでのシーンを撮りたかったのだが、ドルフィンで既にフィルムを切らしていた。ここにも、もう一度来たいと思った。五〇〇メートルの空の青と海の青の間にまばゆいばかりの真っ白い島はまさに天国の一部と勘違いしてもおかしくない。

自分の楽園のキング・ピーターハーパーそしてクイーン・ノラビラ

その日、私と柳はパナイ島のイロイロ市から船でギマラス島に渡ってきた。ギマラスは日本の淡路島ぐらいの大きさで人口も丁度同じぐらいの一五万人程度であった。マンゴーの産地としてもよく知られていた。フィリピンでの旅程も後三日というところでの楽園探しであった。元々予定にも無い島であったが、ギマラスの首都フォルダンの町で地図を手に入れると当てずっぽうでバラスビーチを目指した。バラスビーチは岬の先端にある隠れた楽園とでも言おうかなかなか近づきにくい場所であった。その日は生憎、海も荒れており三メートルぐらいのうねりの中、ボートは波に翻弄され我々は放り出されないようボートの淵にしがみついていた。ビーチに着いたときはホット安堵で胸をなでおろした。しかし、服もバッグも海水でびしょぬれになっていた。

深い入り江の一角の狭いビーチには、他に何艘かのアウトリガーのボートが係留されていた。石段を登ると整地された庭の続きにレセプションロッジ、バーベキューテラスと屋外カウンターバーが設えてあった。まるで海賊のアジトのような雰囲気だった。

一九〇センチはありそうな白髪のヨーロッパ人のオーナーが我々を迎えた。予約もなく突然現れた溝鼠のような日本人を見て驚かないものはいまいが、ピーターは無愛想に応対した。私とて突然怪しげな男二人にこられてはお断りするしかないだろう。しかし、まあ七二歳のピーターおじさんは、虫の居所が好かったのか、その日の宿を提供してくれて助かった

我々の泊まる竹でできたロッジは少し高台に五棟ぐらい配置されている中のひとつであった。そこへ行く小道沿いにポトス、ブーゲンビリア、ミルクブーシュ、ハイビスカス等々が植えられていて熱帯の楽園の風情が醸し出されていた。そのバンブーロッジからは入り江全体が見渡せた。奥のほうには二艘のクルーザーが停泊していた。ピーターはヨットマンでもあった。

ガスは勿論、電気も水道もないかと思いきやトイレは水洗であったが、そばのバケツに水を貯めて置き、事が終わるとその水で流すのである。水道も高台から落差をつけてそれらしきものを造り上げていた。電気は自家発電で夕方から午後九時までは供給された。汚水の行く先のことであるがサンゴの台地の隙間を掘って草や木の葉を詰めてそこに流し込むのである。ここのようにお客があまり来ない場合はあまり問題は起こらないが、ボラカイでもパングラオでも水不足と汚水処理の問題は既に大変な状況をていしているのだ。そのことをクリアできない楽園は消滅するのである。

ディナーは、メインロッジの前庭のテーブルにご馳走が並べられた。オーナー主催のウェルカムパーティであった。とは言ってもそのテーブルにつくのはピーターと私と柳の三人であった。大きなはさ

みの蟹を茹でたものや、鯵の開きのような焼き魚に魚しょうゆとカラマンシーの味付けでサンミゲールビアーを飲みながら食べた。ビールとよくあった料理だった。シンプルだがこれ以上においしくはならないだろう。ピーターは船の関係の元エンジニアーでヨットマンであった。英語の通じるフィリピンで自分の楽園づくりを六四歳から始めたという。特にフィリピイナのワイフがいるようでもないがフィリピンの仲間たちとリゾート経営をしているのだ。今は七九歳になっているはず。もう一度たずねたいと思って、ネットでメールを送ってみたが返事は来なかった。ギマラス南部ではオイル流出事故もあり、一帯の珊瑚礁が汚染されたことも報道されている。心配なことである。

さて、ノラであるが彼女はマラパスクワ島はココバナビーチリゾートの女性オーナーである。男性オーナーはフレディというスイス人であるがあまり見かけたことがない。二人がご夫婦かボーイフレンド、ガールフレンドの関係かは定かでない。私は既に三度このリゾートへ行っており、ノラとはここ五年ばかりメールの交換をしている。ノラは一一月から四月までここでリゾートのオーナーとして過ごし、後の半年はスイスのジュネーブ近郊でゴルフのキャディをして過ごしている。私には理想的生活スタイルと思われる。スイスからこちらへ帰るときは、何人ものスイス人のお客を伴ってくる。だから、このリゾートは、スイス、ドイツ、オーストリア人が多い。ドイツ語が乱れ飛んでいて、ライブラリィにはドイツ語の本がいっぱい並んでいる。私も私の本「四四六日間世界一周」を寄贈しておいた。だいたい、大抵の日本人客は二泊三日ぐらいで、スキューバーをしてすぐに帰ることが多い。だから、私の本が読まれることはほとんど無いであろう。

このリゾートは、フィリピンのオーソドックスなスタイルで、前面は美しい珊瑚礁、椰子や熱帯の植物を配した芝生の庭にはデッキ付きのバンブーロッジが二〇棟ぐらい並んである。ロッジの中には、ダブルベッドとシングルベッドが置かれてあり、その上に蚊帳がつってある。冷房は無いが扇風機があった。夜は心地よい風が入ってくるので暑くて眠れないようなことは無い。トイレとシャワールームは、海水交じりの水が使われており、シャワーの使い方まで書かれていた。「まず一回体を水で流す。シャワーを一旦止めて石鹸をつける。その後もう一度だけシャワーで流すこと」この島は長さ三キロ、幅三〇〇メートルから八〇〇メートルの大きさで人口は四〇〇〇人ぐらいである。水は何よりも貴重である。村の井戸はいつ見ても底の方に五〇センチぐらいしか貯まってない。私が行く一月、二月はこの地域は乾季であり、まとまった雨は少ない、その上に観光客は多い。世界八〇カ国ぐらいから来ている。

主にスキューバーダイビングが目的であるが、なかにはリラックスするだけの人もいる。目玉はガトー島付近のトレジャーシャークを見ることである。私は浅いところでソフトコーラルや魚やタツノオトシゴが見られれば満足である。この海域は第二次大戦の激戦場でもあった。旧日本軍の沈没船も多い。今は様変わりしたものの戦争の傷跡は癒される事なく人々の心の奥深く残っている。

ここでも水確保問題と汚水やごみ処理問題は深刻である。最近では地球温暖化による海面上昇が心配されるためリゾートの施設を三〇メートル後退させるよう政府から通達があったようで、ノラもお金が必要らしい。「まさ、マヤの土地を買わないか」とかメールで打診してきた。マヤはセブ島の北端の町である。パーマネントビザを取得しておれば未だしも日本人の私には買えようはずもない。地球温暖化は、この楽園にも深刻な問題を投げかけているのである。楽園のキングピーターもクイーンノラもあれこれと多くの問題をかかえているようだ。「それでもまだ君は楽園へ住みたいのか」

ここにも人が住んでいる ●タンギンギとウスウサン

タンギンギは、フィリピン中部のビサヤ海にある。その海のほぼ真ん中であるからフィリピンのへそとも言える孤島である。セブ島の北端の町マヤからボートで五〇分、マラパスクワへ着く。そこからは自分でボートをチャーターして行かねばならない。私はアウトリガー付ボートをチャーターして、船長とそのファミリー五人とその「へそ」のような島を目指した。何も無い大海原は退屈なものであった。時折飛び魚が空中滑降したり何万という小さな魚が水面を跳ねているのが見られた。三時間程度進んだとき漁師たちの船団が勇壮なる定置網漁を引き上げているのが見られた。カモメたちがその獲物を狙って果敢に攻撃している。いやな鳥だ。

島が見えた。白い砂とグリーンの森のある美しい島と思いきや、まるで錆びて座礁した軍艦が横たわっているような姿であった。島の周りを一周して数えてみると緑といえばやしの木一四本あるだけであった。灯台もある、草葺屋根の掘っ立て小屋のような家並みが見えた。島の周りには対象的にカラフルな腕木の延びたボートが五〇艘ぐらい見られた。

その黒褐色の島に上陸してみた。隆起サンゴの台地には芝生のような緑の草も生えているのがわかった。島の中央部は、竹でできた小屋のような民家が並んでいた。併せて五〇軒ぐらいだとすると人口は三〇〇人ぐらいであろうか。空き地にはあちらこちらに小魚がネットの上に干してあった。子供たちが物珍しそうに私のほうを見る。「マーヨン　ブン　タック」こんにちはといっても、ただはにかむだけであった。小屋の中からラジオの音も聞こえていた。島の端の灯台のそばにはソーラーパネルが設えてあるのがおかしかった。現代と原始が同居しているようだ。船長たちはとある一軒の小屋の前で何やら交渉ごとを始めた。その家でお米と干魚を買って帰るらしい。ここの住民は、どうやら魚を追って季節的に移動している移動漁民らしい。台風のときは近くの大きな島へ避難したり、薪をかったり、お米も求めてくるのであろう。島は兎も角、周りの海は豊穣である。シュノーケルをつけて潜ってみると美しいサンゴの周りに彩り豊かな魚たちとかなり大型の魚も多くみられた。少し沖に出ると深い、怖いようなドロップであった。帰りは天候が崩れ、逆風と時折のスコールに見舞われ、寒いぐらいであった。四時間かかってやっとマラパスクワへ、いや文明の世界へ帰れてほっとした。やっぱりロビンソン　クルーソーにはなれそうもない。

ネグロス島とギマラス島の間にはいくつもの小島があります。私はジョアンナを連れて、ネグロス島からイナンプルガン島のアグアダビーチへ上陸した。珍しくやしの木の少ないビーチで、その代わり背の高い熱帯の竹を束ねて白い砂の上に点在させて植えてあった。涼しげではあるがビーチが暗く、夜になるとギシギシ音をたてるのが気になった。この島には、大きなマンゴーの古木があったり、海亀の飼育池があったり、馬やあひるやインコとか孔雀といった鳥類も飼って賑やかであるが、施設は老朽化しており前にあるビーチにもくらげが多く安心して泳げなかった。多分、排水が流れ込んで海水が汚れてきているのであろう。

そのイナンプルガン島をベースにさらに小さな三つの島を訪れることになった。まず、ウスウサンへボートを進めてもらった。美しい緑のある小さな珊瑚礁であった。上陸すると島の王様に挨拶に向かった。住人は王様他家族五人で全てであった。短パンにTシャツ姿の二五歳ぐらいの人の良さそうな若者がそれである。犬と子供たちも竹の小屋の中からでてきた。船長が挨拶し私に五〇ペソ一二〇円払うようにいった。彼の収入は多分魚を獲って売ることで月に一五〇〇円程度の実入りであろうから、私からのランディングフィーは大きかったに違いない。この船長の本日の儲けはわたしからのチップを含めて七五〇円が全てであろう。勿論、こんなことは二人とも年にそうあるものではなかろう。この島は長さ一〇〇メートル幅三〇メートルが精々であろう、まことに小さい。しかし、一日をどうして過ごすのであろうか。お父さんは漁労、お母さんと子供たちは貝やウニを拾うのであろうが、三六五日は耐えられそうにも無い。島の両端から白い砂の砂州が延びていて潜るとソフトコーラルが群生していた。楽園には違いない。いやな人間関係も無い。人のよさそうな王様の島だった。

続いて訪れたのがナガラオ島である。インターネットで調べるとドイツ人が造った楽園と書かれていた。オオトカゲやのろ鹿、野豚ほか珍しい昆虫が生息していると写真入で掲載されている。上陸して島を一周してみたが何もいそうにも無かった。小道は一応ついているのであるがその後の整備がなされていないのか草木が茂り行く手を阻まれた。色とりどりのハイビスカスやブーゲンビリアが咲いていた。ミルクブーシュの大木もあった。ドイツ風の館やロッジもあり優しそうな高齢のドイツ人らしきご婦人が垣根越しに見えた。フィリピン人の住人も洗濯物を干していた。食事はできるのか聞いてみたが今はやっていないという。オオトカゲとか鹿はいるのかと聞いたがやはり今はもういないという。美しい自然が売り物の楽園リゾートも人が住み、大勢のリゾート客が押しかけてくると自然はあっという間に汚染され、破壊されるのである。しかし、ここは二〜三年もすれば海と植物は回復してくるであろうがオオトカゲや鹿や野豚はもう二度ともどってこないであろう。悲しいことである。

最後にナウェー島を訪れた。ここはフィリピンの典型的な漁村と言えよう、リゾートもなければ外国人も住んでいない。小道を歩いていくと綺麗に竹を編んで造られた家が点在して、家の周囲は色とりどりの花や、パパイヤやマンゴーややしの木が植えられており貧しさは感じられないどころか豊かな島だとさえ思われた。豊かな漁場でもある、特に蟹が豊富なのだ。ビーチは竹で編んで作った直径三〇センチぐらいの丸い籠が山積みされていた。魚の切り身をその中に入れて海底へ沈めておけば数時間で何匹も獲れる。延縄漁のように五〇〜六〇繋いでしずめておけば一度に二〇〇匹は獲れるそうである。豊かさの原因は蟹漁だ。その漁村の一角では、獲れたばかりの蟹が茹でられていた。ジョアンナもおいしそうに食べた。彼女の家で食べた同じ種類の美味しい蟹であった。みんなが私のことをジョアンナから聞いている。「何人や　日本人か　何しに来たのか、お前の何や」といったところか。

私はこの島が好きになった。この人たちと暮らしてみたいと思った。「何でいいの」「海も森も家も庭も汚れていないし、みんなきちんと仕事している。」ジョアンナのマクタン周辺よりはるかに美しい。ジョアンナはといえばここには住みたくはないであろう都会育ちだ。自然の中で人が慎ましやかな生活を営むことで自然も人の生活も何一つ壊されないためには化石燃料やそれらから作り出されたものを持ち込まないことでしょう。一度その便利さを味わったものは楽園に住むことは難しい。たったの一日であったが四つのそれぞれ特徴のある島巡りができた。人間は、いや、私自身はこれからどこで、どのような生き方をすればよいのだろうか考えさせられた。

より可能性のある世界へ

もし、あなたがより主体的に生きるためフィリピンに移り住みたいなら、パーマネントビザを取得されるとよい。五万ドルを所定の銀行へ預け、健康診断書と無犯罪歴証明書つけてフィリピン政府観光省へ申し込めばよい。どこの国でもそうであろうが、健康で誠実でお金持ちであれば歓迎しますということである。貧しいが明るい人々の国フィリピンで日本では出来難いがフィリピンでなら出来そうなことを予め探しておく必要がある。きちんとした人間関係も作り上げておく必要がある。何度も何度も下準備に通うことが大切である。私はまだ八度だけ、しかも一度に二〜三週間行っただけでしかない。確かに多くの友人もできた、二三の大小様々な島を訪ねた。私のペンションでも日本に来ている多くのフィリピンからの人たちとも交流してもいる。

それでもなかなかお互いの信頼関係が保たれない。フィリピン人と日本人は、はじめ私が考えていたよりもあまりにもその違いは大きい。同じアジアの一角に住んではいるのであるが日本は何千年かかけて、アジアはおろか世界の知恵を集めてゆっくりと優れた独自の文化や言葉を創り出した国である。一方のフィリピンの文化はここ四〜五〇〇年の歴史しかない。しかも、部族が狩猟漁労生活で暮らしていて、文化という文化は何一つ無いばかりか、文字さえありませんでした。現在使っているフィリピン語はスペイン語のアルファベットを元からあったマレー系言語に当てはめて創られているのです。彼らの英語力は世界でもアメリカ、英国に次ぐ世界三位だともいえるでしょう。幸か不幸か、マゼランによってヨーロッパに紹介されたばかりにカトリックとスペイン語を押し付けられたのです。現在の国の名前までその当時のスペインの皇太子のフィリップの名がつけられたのです。スペインやポルトガルに侵略された中南米、アフリカ諸国、フィリピンにしても未だ貧困に苦しめられ、政情不安定でカトリックであることが共通しているのです。特に、当時のスペイン人たちは悪魔のようなゴールドマニア。鉄砲とカトリシズムでいとも簡単にそれらの諸国を征服し、人々を隷属させたのです。三〇〇年以上のスペイン支配に続くアメリカ支配で一部フィリピン人を除き、貧しい生活を余儀なくされたのです。第二次大戦では全土を日本とアメリカに戦場とされ人々は殺され、家や田畑は焼かれました。隷属され、人権蹂躙されそれでもけなげに寄り添って生きているフィリピンの人たちにエールを送りたくもなります。現在、フィリピンは七一〇九の島の一〇〇〇ぐらいの島に人々は暮らしているそうです。戦前の人口は一五〇〇万人が今や八五〇〇万人とも言われています。人口爆発です。それでも、教育熱心で六〇パーセント以上の人はフィリピン語と英語の読み書きと話すこともできます。日本語と英語が自由に使える日本人が何パーセントいるでしょうか。外国で働く人が八〇〇万人以上もいるのは彼らの英語力のおかげです。その英語力のおかげでＩＴ産業も盛んですし海外からの仕送りマネーは国家の財政を少なからず潤わしているのです。

日本人がフィリピン人より優れているなどと高をくくっていてはいけません。女性にしてもスタイルも目鼻立ちも美しいですよ。スペインやアメリカ人の血が知らず知らずの内に混ざり現代に至っております。

さて、最近の発展目覚しいフィリピンですが、美しい自然もそのおかげでかなり犠牲になっていることも確かです。この原始の社会から現代社会まであらゆる生活スタイルの存在が許されているおおらかさは先進諸国では許されない。原始的社会か昭和三〇年以前の手作りの社会がいいか現代、超現代社会がいいかみんなで選択しましょう。そして、できれば何か自然再生のため貧しき人々のため尽くしたいものである。

著者略歴

三宅正章

1948年　岡山県に生れる
1972年　立命館大学文学部卒業
1994年　ペンショングラツァーノ経営

著　書『わが青春の446日間世界一周』

青春を貫くブルー、グリーン、ホワイトの冒険

2008年3月5日　発行

著者・発行――三宅正章
〒701-4304　瀬戸内市牛窓町千手960-2
TEL&FAX 0869-34-6200
http://www.ushimado.or.jp/grazzano
E-mail grazzano@oka.urban.ne.jp
発　売――吉備人出版
〒700-0823　岡山市丸の内二丁目11-22
TEL 086-235-3456　FAX 086-234-3210
URL. http://www.kibito.co.jp
E-mail. books@kibito.co.jp

印刷所――株式会社 三門印刷所
岡山市高屋116-7

製本所――有限会社 明昭製本

ISBN978-4-86069-199-8　C0095